Les Diaboliques

Le Rideau cramoisi
Le Bonheur dans le crime

ÉTONNANTS • CLASSIQUES

BARBEY D'AUREVILLY

Les Diaboliques

Le Rideau cramoisi
Le Bonheur dans le crime

Présentation, notes, chronologie et dossier par
THIERRY CORBEAU,
professeur de lettres

GF Flammarion

Les nouvelles du XIXe siècle
dans la même collection

BALZAC, *Le Bal de Sceaux*
    Le Chef-d'œuvre inconnu
    Ferragus
    La Maison du chat-qui-pelote
    La Vendetta
CHAMISSO, *L'Étrange Histoire de Peter Schlemihl*
FLAUBERT, *La Légende de saint Julien l'Hospitalier*
    Un cœur simple
GAUTIER, *La Morte amoureuse et autres nouvelles*
GOGOL, *Le Nez. Le Manteau*
HOFFMANN, *L'Enfant étranger*
    L'Homme au Sable
    Le Violon de Crémone. Les Mines de Falun
MAUPASSANT, *Boule-de-Suif*
    Le Horla et autres contes fantastiques
    Le Papa de Simon et autres nouvelles
    La Parure et autres scènes de la vie parisienne
    Toine et autres contes normands
MÉRIMÉE, *Carmen*
    Mateo Falcone. Tamango
    La Vénus d'Ille
POE, *Le Chat noir et autres contes fantastiques*
    Double Assassinat dans la rue Morgue. La Lettre volée
POUCHKINE, *La Dame de pique et autres nouvelles*
SAND, *Les Ailes de courage*
    Le Géant Yéous
STENDHAL, *Vanina Vanini. Le Coffre et le revenant*
VILLIERS DE L'ISLE-ADAM, *Véra et autres nouvelles fantastiques*
WILDE, *Le Fantôme de Canterville et autres nouvelles*
ZOLA, *L'Attaque du moulin. Les Quatre Journées de Jean Gourdon*

© Éditions Flammarion, Paris, 2004.
Édition revue, 2008.
ISBN : 978-2-0812-1354-8
ISSN : 1269-8822

SOMMAIRE

■ **Présentation** 5
Un auteur controversé   5
Les Diaboliques : une œuvre sulfureuse   7
Des récits enchâssés   8
Et la femme se fit diable...   9
Le diable est partout !   12
Un réalisme étrange   14

■ **Chronologie** 21

Les Diaboliques

Le Rideau cramoisi   33
Le Bonheur dans le crime   95

■ **Dossier** 155

■ Jules Barbey d'Aurevilly par É. Lévy (1826-1890).

PRÉSENTATION

Un auteur controversé

En 1874, lorsque paraissent *Les Diaboliques*, Barbey d'Aurevilly n'est pas un inconnu pour le public. Depuis longtemps, il fréquente les salons parisiens où il est apprécié pour ses talents de « causeur ». Une bonne partie de son œuvre romanesque a déjà été publiée (*Une vieille maîtresse* en 1851, *L'Ensorcelée* en 1854, *Le Chevalier des Touches* en 1864, *Un prêtre marié* en 1865) et son nom figure dans de nombreux journaux, où il signe à la fois comme critique littéraire et comme défenseur du catholicisme. Toutefois, son succès a été tardif : il ne l'a rencontré que vers l'âge de cinquante ans, lors de la deuxième édition d'*Une vieille maîtresse*, en 1858. En outre, l'auteur est loin de susciter l'unanimité. Certes, il compte parmi ses amis Baudelaire et certains de ses contemporains, comme Léon Bloy, Péladan – auteurs célèbres pour leur sens de la provocation – ou Huysmans, qui verront en lui, à la fin de sa vie, une figure de proue de l'esprit fin de siècle et qui le surnomment « le connétable des lettres », mais d'autres le considèrent comme totalement dépassé et l'appellent « Barbey d'or vieilli ». Sainte-Beuve, Hugo, Flaubert et Zola sont au nombre de ses ennemis. Par ailleurs, il rencontre – et provoque – l'hostilité des milieux catholiques, qui l'accusent de ne pas mettre en pratique ses idées, des libres penseurs, qui n'acceptent pas son ralliement au catholicisme, des monarchistes, qui le blâment d'avoir soutenu le régime de Napoléon III, des bonapartistes, qui lui reprochent sa tiédeur...

Pour résumer, Barbey est un homme controversé. De fait, sa vie durant, il a adopté des modes de vie et de pensée contradictoires – tantôt proche de la débauche, tantôt ascète, prônant successivement le libertinage intellectuel et le catholicisme rigoureux, la monarchie et l'Empire – et toujours à contre-courant historiquement et socialement – il se revendique libéral dans sa jeunesse alors qu'il est issu d'une famille noble traumatisée par la Révolution, et il renoue avec les valeurs de l'Ancien Régime quand elles sont définitivement mortes. D'une manière générale, il incarne l'opposant en toutes circonstances, celui qui n'aime pas son siècle. À des degrés divers, *Le Rideau cramoisi* et *Le Bonheur dans le crime* se font l'écho de cette posture. Dans la première nouvelle, par exemple, lorsqu'il qualifie la génération de son auditeur de «génération à congrès de la paix et à pantalonnades philosophiques et humanitaires» (p. 56), Brassard semble nostalgique du Premier Empire, de sa politique belliqueuse et conquérante, et paraît condamner l'émergence de courants socialistes. Le narrateur du récit cadre, quant à lui, en vient à regretter les anciens moyens de locomotion, plus poétiques que l'une des innovations majeures du XIXe siècle, le chemin de fer: «À présent, les chemins de fer, avec leurs gares à l'entrée des villes, ne permettent plus au voyageur d'embrasser, en un rapide coup d'œil, le panorama fuyant de leurs rues, au galop des chevaux d'une diligence qui va, tout à l'heure, relayer pour repartir» (p. 45). Dans la même perspective, on a vu dans *Le Bonheur dans le crime* une réponse pessimiste à l'optimisme humaniste de Victor Hugo, auteur des *Misérables* où un forçat se métamorphose en honnête homme. Barbey est donc un homme du passé, qui vit avec les spectres de sa jeunesse, marqué par la disparition de la société qui lui convenait le mieux, la monarchie absolue, et qui est incarnée par une ville normande, Valognes, où il se réfugie au moment de l'élaboration des *Diaboliques*.

Les Diaboliques : une œuvre sulfureuse

Avec *Les Diaboliques*, Barbey est placé sous les feux de la rampe ; ce recueil de six nouvelles [1], aujourd'hui comme à l'époque de l'auteur, apparaît incontestablement comme son œuvre la plus célèbre ; elle a été plusieurs fois portée à l'écran et a connu plus d'une trentaine d'éditions depuis qu'elle est dans le domaine public. *Le Dessous de cartes d'une partie de whist* paraît séparément en 1850. C'est la première des nouvelles qui composent le recueil à avoir été publiée. Les autres récits, outre *Le Rideau cramoisi* et *Le Bonheur dans le crime*, sont *Le Plus Bel Amour de Don Juan*, *La Vengeance d'une femme* et *À un dîner d'athées*, vraisemblablement le dernier texte du recueil à avoir été composé, en 1872. L'auteur a repris l'ensemble lors de son séjour à Valognes, entre 1871 et 1872, espérant avec ce recueil obtenir la reconnaissance de ses pairs et du public.

Or, en 1874, la publication s'accompagne d'un parfum de scandale. En effet, très rapidement, les journaux condamnent *Les Diaboliques* : malgré la préface rédigée la même année, dans laquelle l'auteur affirme ses bonnes intentions, ils taxent l'œuvre d'immoralité, en soulignant là encore le décalage entre la foi affichée par Barbey et la nature de ses textes. De telles allégations justifient à l'époque une procédure judiciaire, qui commence une quinzaine de jours après la publication des nouvelles et se solde par une accusation d'outrage « à la morale publique et aux bonnes mœurs ». Les exemplaires qui n'ont pas encore été vendus sont saisis ; l'auteur évite de justesse le procès grâce à l'appui de Gambetta et parce que, avec son éditeur, il accepte de ne pas

---

1. Voir dossier, p. 156.

rééditer le livre. L'affaire des *Diaboliques* se trouve ainsi « close ». Même si l'œuvre reparaît finalement en 1882, Barbey d'Aurevilly reste profondément meurtri par cette condamnation.

Des récits enchâssés

Le succès de l'œuvre est en partie lié à l'originalité de sa composition. Initialement, Barbey d'Aurevilly avait prévu d'intituler son recueil « Ricochets de conversations », en hommage à une technique employée par Balzac dans un « conte brun », *Une conversation entre onze heures et minuit* (1832). Comme les autres nouvelles du recueil, *Le Rideau cramoisi* et *Le Bonheur dans le crime* rendent compte de ce procédé encore peu exploité à l'époque : dans chacun des textes, le récit principal se trouve enchâssé ou emboîté dans un récit cadre, lequel s'assimile à une conversation à deux, et le narrateur du récit principal diffère de celui du récit cadre. Ainsi l'histoire d'Alberte est-elle relatée par le vicomte de Brassard, alors qu'il est en diligence avec le narrateur premier. De même, le médecin Torty raconte au narrateur premier l'histoire du couple Savigny qu'ils aperçoivent au Jardin des Plantes. Dans les deux cas, le narrateur second est un acteur privilégié de l'histoire, puisque Brassard rapporte un épisode de sa jeunesse (« je n'avais que dix-sept ans dans ce beau temps-là », p. 50) et Torty évoque un drame dont il fut témoin. Enfin, le récit du vicomte de Brassard et celui de Torty rebondissent sur les propos de leurs auditeurs, comme dans un jeu de paume (« preste comme un coup de raquette », « Il me renvoya mon volant », p. 49). Dans *Le Rideau cramoisi*, le narrateur premier interrompt ainsi fréquemment le narrateur second pour raconter une anecdote qu'il se remémore en écoutant son interlocuteur, tels l'épisode du couple à l'opéra (p. 68-69) ou l'histoire de Mlle de Guise (p. 82-83).

Ce procédé narratif présente plusieurs avantages : il retarde la révélation finale et suscite ainsi un suspens dramatique, tout en mettant en valeur certaines scènes – dans *Le Rideau cramoisi*, il s'agit du repas au cours duquel Alberte s'empare de la main de Brassard et de l'épisode de sa mort et, dans *Le Bonheur dans le crime*, de la scène du balcon et de l'empoisonnement de la comtesse. Le « ricochet de conversation » apporte aussi une sorte de densité au récit, ajoutant à l'univers spatio-temporel du récit encadré celui du récit encadrant. Enfin, cette technique prévoit, anticipe la réaction du lecteur en inscrivant celle de l'auditeur. Les nouvelles favorisent ainsi l'adhésion du lecteur et gagnent en authenticité. Celle-ci est d'ailleurs renforcée par l'emploi de la première personne du singulier, qui permet l'identification du lecteur et qui est aussi propice aux épanchements personnels de Barbey, comme le suggère ce portrait de Brassard, proche de celui de l'auteur : « [...] il portait une courte barbe, restée noire, ainsi que ses cheveux, par un mystère d'organisation ou de toilette... impénétrable, et cette barbe envahissait très haut ses joues, d'un coloris animé et mâle » (p. 42). D'ailleurs, cette authenticité, Barbey la revendique dans sa préface de 1874 : « Ces histoires sont malheureusement vraies. Rien n'en a été inventé. »

Et la femme se fit diable...

Barbey abandonne assez rapidement le titre qu'il avait initialement retenu et lui préfère *Les Diaboliques*, sans doute pour mettre en avant les personnages féminins, que le mot désigne, comme il l'indique dans sa préface de 1874. À des degrés divers, les héroïnes du *Rideau cramoisi* et du *Bonheur dans le crime* ont en effet quelque chose de démoniaque. Dans les deux nouvelles, tel le serpent de la Genèse, « ces couleuvres de femelles » (*Le Bonheur dans le crime*, p. 123) apparaissent comme des tentatrices. Alberte manipule Brassard selon son bon vouloir en prenant l'initiative de la relation et Hauteclaire suscite le désir chez Serlon. En outre, elles enfreignent les lois divines en transgressant certains des Dix Commandements, notamment ceux relatifs à l'idolâtrie[1], à l'adultère et au meurtre, en s'adonnant à la luxure ou en faisant preuve d'orgueil, deux péchés capitaux.

Ce qui les rend diaboliques, c'est aussi qu'elles assument leur sexualité, à l'encontre des règles morales de l'époque. Alberte pousse l'impudence jusqu'à braver doublement la société représentée par ses parents, en séduisant Brassard presque devant eux et en traversant leur chambre pour se rendre dans celle du jeune soldat. Quant à Hauteclaire, elle prend le risque de vivre aux côtés de son amant, un homme marié, sous le masque d'Eulalie, et, après la mort de la comtesse, affiche ouvertement son bonheur auprès du comte. Tels des animaux, ces femmes semblent gouvernées par leur instinct. Cela justifie la comparaison initiale de Hauteclaire avec la panthère du Jardin des Plantes, qui assimile la femme à l'animal : « Noire, souple, d'articulation aussi puissante, aussi royale d'attitude – dans son espèce, d'une beauté égale, et d'un charme encore plus inquiétant –, la femme, l'inconnue, était comme une panthère humaine, dressée devant la panthère animale qu'elle éclipsait ; et la bête venait de le sentir, sans doute, quand elle avait fermé les yeux » (p. 102). Même Delphine de Savigny n'échappe pas à cette règle, puisque « de douce, elle devint fauve » (p. 142). Le défi lancé par Hauteclaire à la panthère

---

1. Hauteclaire voue un culte exclusif à Serlon : elle ne souhaite pas avoir d'enfant par peur de donner moins d'amour à son amant (voir p. 153).

préfigure donc en un certain sens celui adressé à l'autre félin qu'est la comtesse.

Le diabolisme des femmes dans les nouvelles de Barbey d'Aurevilly tient aussi à leur force de caractère : elles se comportent en hommes et inversent les rapports qui régissent traditionnellement les relations hommes/femmes. Ainsi, dans le couple constitué par Hauteclaire et Serlon, c'est Hauteclaire qui incarne la force, alors que Serlon reçoit des attributs généralement féminins : « Chose étrange ! dans le rapprochement de ce beau couple, c'était la femme qui avait les muscles, et l'homme qui avait les nerfs... » (p. 102), s'exclame Torty, qui suppose Hauteclaire « plus forte de caractère que Serlon » et la croit « l'homme des deux dans leurs rapports d'amants » (p. 146). Hauteclaire, de manière générale, apparaît toujours comme un personnage armé, que ce soit par le jeu des comparaisons avec « Pallas » ou « Clorinde » (p. 114) ou par ses accessoires, le fleuret ou l'aiguille à coudre. De même, Delphine de Cantor, sous des airs de fragilité, se révèle capable de pensées cruelles et violentes à l'encontre de son mari (« Mais, lui, je lui mangerais le cœur ! », p. 143) et peut se montrer autoritaire avec lui : « Allez ! donnez des ordres pour qu'il vienne, et que tout le monde me laisse seule deux minutes avec le docteur. Je le veux ! » (p. 142). Dans *Le Rideau cramoisi*, le choix du diminutif « Alberte », double du prénom masculin « Albert », nettement moins féminisé qu'« Albertine », permet lui aussi de jouer sur une certaine ambiguïté sexuelle, renforcée par des détails physiques, comme une main virile, « cette main, un peu grande, et forte comme celle d'un jeune garçon » (p. 64), à laquelle s'oppose le front « sans aucune ride, blanc comme le bras d'une femme » (p. 43) de Brassard.

Ainsi les différents personnages féminins présentent-ils une ambivalence qui les rend à la fois fascinants et redoutables : ils résistent à l'analyse psychologique et demeurent mystérieux. Alberte agit en effet guidée par des motifs impénétrables et ses sentiments sont inconnus du lecteur; plus que toute autre, elle mérite par son allure hiératique le titre de «sphinx», figure énigmatique par excellence[1]. Son physique ne trahit aucun sentiment – elle garde l'allure hiératique d'une «Princesse» (p. 65) ou d'une «Infante» (p. 68) – et elle n'intervient jamais au discours direct; Brassard reconnaît d'ailleurs qu'«elle ne disait mot...» (p. 80). Il en va presque de même pour Hauteclaire, qui, pendant les deux tiers du récit, ne prononce pas une parole. Elle est d'autant plus «insondable» qu'elle avance masquée d'un voile ou d'un casque d'escrime («la dentelle de son voile noir étant encore plus sombre et plus serrée que les mailles de son masque de fer», p. 113). Enfin, Delphine, qui apparaît surtout dans ses entretiens avec le docteur Torty, se caractérise aussi par le silence, puisqu'elle refuse de révéler l'empoisonnement: «C'est pour vous dire qu'ils m'ont empoisonnée, et pour que vous me donniez votre parole d'honneur de le cacher. Tout ceci va faire un éclat terrible. Il ne le faut pas» (p. 143).

Barbey d'Aurevilly détruit ainsi de manière systématique l'idéalisation romantique de la femme assimilable à un ange. Mais le diabolisme est-il réservé dans les nouvelles aux seuls personnages féminins?

Le diable est partout!

Dans sa préface de 1874, l'auteur souligne lui-même l'ambiguïté que contient son titre: «Pourquoi [les] *diaboliques*? Est-ce pour les histoires qui sont ici? ou pour les femmes de ces

---

1. Voir note 3, p. 75.

histoires ? Qui sait ? » En réalité, il est possible d'affirmer que le diable est omniprésent. Il l'est d'abord dans le lexique : Barbey émaille son texte de termes relatifs à l'enfer. Outre ceux qu'il emploie pour caractériser ses personnages (« diable de figure », p. 50, « cette damnante Alberte », p. 72, « cette Alberte d'enfer », p. 74, dans *Le Rideau cramoisi* ; « cette belle diablesse », p. 146, dans *Le Bonheur dans le crime*), on note ceux qu'il utilise sous la forme de jurons (« le diable m'emporte », p. 121, « Diable ! », p. 122, dans *Le Bonheur dans le crime*), ou dans certaines images (par exemple, dans *Le Rideau cramoisi*, « ce dîner trop court [...] me donna la sensation d'un de ces bains insupportablement brûlants d'abord, mais auxquels on s'accoutume, et dans lesquels on finit par se trouver si bien, qu'on croirait volontiers qu'un jour les damnés pourraient se trouver fraîchement et suavement dans les brasiers de leur enfer », p. 65). Cette récurrence dans le vocabulaire n'est pas innocente : elle suggère que le diable se cache partout, qu'il est en quelque sorte polymorphe.

Par conséquent, hormis les trois personnages féminins évoqués ci-dessus, quels sont ceux qui pourraient être « englobés » par le titre du recueil ? Ce sont d'abord les protagonistes masculins des récits enchâssés, qui sont eux aussi monstrueux. En effet, tel un vampire, Brassard s'adonne à des pratiques quasi démoniaques pour ranimer Alberte morte : « Je pris un poignard, et j'en labourai le bras d'Alberte à la saignée. Je massacrai ce bras splendide d'où le sang ne coula même pas. Quelques gouttes s'y coagulèrent. Il était figé. Ni baisers, ni succions, ni morsures ne purent galvaniser ce cadavre raidi, devenu cadavre sous mes lèvres » (p. 87). Serlon, lui, devant sa femme qui tarde à mourir, a du mal à cacher son agacement : « pour impatienté, il l'était réellement ; mais ce n'était point parce que sa femme ne guérissait pas, cette femme à laquelle il était si déterminément infidèle ! » (p. 139). Bien plus, c'est le couple qu'il forme avec Hauteclaire qui est tout entier diabolique, à la fois parce que les personnages semblent avoir conclu un pacte avec le diable pour demeurer « immuablement beaux, malgré le temps » (p. 144) et parce qu'ils se vouent un véritable culte qui interdit tout partage, y compris avec un enfant.

Le diabolisme de Brassard ou du médecin Torty est également manifeste lorsqu'ils sont narrateurs : ils éprouvent un certain plaisir à raconter leurs histoires diaboliques et à manipuler leurs auditeurs par un jeu de fausses pistes (« Eh bien ! pas du tout, dit le docteur ; c'était mieux que cela ! Vous ne vous douteriez jamais de ce que c'était... », p. 120). Quant à ces derniers, ils se montrent animés d'une curiosité malsaine, complices des narrateurs dans leur jouissance du mal. Dans cette perspective, on peut sans doute élargir le diabolisme à l'auteur lui-même, accusé d'immoralité bien qu'il s'en défende, et aux lecteurs que nous sommes, happés par le titre séducteur du recueil et par ceux des nouvelles. Le diable est décidément partout...

Un réalisme étrange

Une esthétique proche du réalisme

Barbey d'Aurevilly, qui choisit l'adverbe anglais *really* comme épigraphe du *Rideau cramoisi*, présente ses nouvelles comme des « histoires vraies » dans sa préface de 1874 et il prend soin de les ancrer dans la réalité.

Ainsi en va-t-il du cadre temporel comme du cadre spatial. Dans *Le Rideau cramoisi*, l'auteur ne cesse de multiplier les allusions à l'histoire, que ce soit en évoquant des événements (la défaite de « Leipzick », p. 92, l'« abdication de l'Empereur », p. 36, les « Cent-Jours », p. 36, « Waterloo », p. 34) ou en faisant référence à des personnages plus ou moins fameux (la « duchesse d'Angoulême », p. 37, « Marmont », p. 36, l'« empereur Nicolas », p. 42, et bien d'autres). L'histoire du récit enchâssé se déroule ainsi dans les derniers moments du Premier Empire, et celle du récit cadre dans les dernières années de la monarchie de Juillet (Brassard a dix-sept ans lorsqu'il est accueilli par les parents d'Alberte ; c'est un « vieux beau », d'une cinquantaine d'années, quand il se trouve dans la diligence). Dans *Le Bonheur dans le crime*, l'histoire relatée par le médecin Torty commence les « premières années qui suivirent la Restauration » (p. 106) et se poursuit pendant la monarchie de Juillet, après la révolution de Juillet qui « tu[a] moralement » (p. 113) le père de Hauteclaire, tandis que le récit cadre s'enracine très probablement dans les premières années du Second Empire (Savigny et Hauteclaire ont une vingtaine d'années au début de leur liaison et, lors de leur visite au Jardin des Plantes, « l'homme [doit] s'en aller vers quarante-sept ans et davantage, et la femme vers quarante et plus », p. 100).

Dans la même perspective, Barbey, dans *Le Rideau cramoisi*, tient compte de la topographie parisienne de l'époque (« rue de Richelieu », « Frascati », p. 40, la « Madeleine à laquelle on travaillait encore », p. 40) et, dans ses deux nouvelles, imagine des villes normandes à partir de sa représentation de Valognes. En outre, il s'inspire de son entourage pour créer ses personnages, tels Brassard, dont le modèle est Bonchamp, une connaissance de Barbey d'Aurevilly, ou Torty, qui doit beaucoup à son oncle maternel Pontas-Duméril (1753-1826), médecin athée exerçant à Valognes. Il puise également dans une réalité autobiographique pour l'incident du Jardin des Plantes, raconté par un ami et relaté dans une lettre adressée à Trebutien[1], ou pour le voyage en diligence, souvenir des trajets qu'il effectuait entre Paris et

---
1. Voir chronologie, p. 25.

Valognes. On peut ajouter que, tel Balzac, Barbey se montre habile dans l'art du portrait – celui de Brassard notamment, un dandy militaire, officier de l'Empire, amoureux de son uniforme et manifestant un sens aigu de l'honneur – et dans la peinture des milieux.

La dimension étrange

Barbey infléchit ce réalisme en le tirant vers l'étrange, le mystérieux. Ses nouvelles, dans un cadre très réel, présentent une atmosphère dérangeante et inquiétante. Barbey s'applique en effet à faire surgir le « fantastique de la réalité » (*Le Dessous de cartes*), à mettre en avant ce que celle-ci contient de surnaturel. Et il fait émerger le mystère dès le récit cadre. En effet, dans *Le Rideau cramoisi*, c'est l'altération de l'attitude de Brassard devant une fenêtre qui attise la curiosité du narrateur et interpelle le lecteur (« Or, le ton qu'il mit à dire cela – une chose d'une telle simplicité ! – était si peu dans la voix de mondit vicomte de Brassard et m'étonna si fort, que je voulus avoir le cœur net de la curiosité qui me prit tout à coup de voir son visage, et que je fis partir une allumette comme si j'avais voulu allumer mon cigare », p. 48), et dans *Le Bonheur dans le crime*, c'est l'attitude de provocation du couple Savigny au Jardin des Plantes qui aiguise l'intérêt du narrateur et signale la présence du mystérieux au lecteur (« Docteur, mon cher et adorable docteur, repris-je, avec toutes sortes de câlineries dans la voix, vous allez me dire tout ce que vous savez du comte et de la comtesse de Savigny ?... », p. 105). De plus, si les nouvelles offrent un cadre spatial parfaitement défini et circonscrit, elles inscrivent leurs actions dans un espace doublement resserré puisque, à celui du récit cadre – la diligence ou le Jardin des Plantes –, s'ajoute celui de l'action – un lieu étouffant, étroit –, qui sont des huis clos propices au mystère. Dans *Le Rideau cramoisi*, l'action prend place dans la maison des parents d'Alberte, située dans une ville repliée sur elle-même, « qui n'avait de commerce et d'activité d'aucune sorte » (p. 54), et isolée de tout, où il ne se passe rien : « ni réunions, ni bals, ni soirées, ni redoutes » (p. 54), plus précisément, dans la chambre de Brassard, dont le mobilier est saturé de signes et de symboles : ainsi le rideau cramoisi rappelle-t-il le « châle à raies rouges » d'Alberte (p. 73) et, par conséquent, cache la relation du garçon et de la jeune fille au monde extérieur tout autant qu'il la révèle, comme il signale par sa couleur la mort de la jeune fille ; les « tête[s] de sphinx aux quatre coins du lit » (p. 75) fonctionnent comme des « représentations » d'Alberte, plusieurs fois comparée à l'animal fabuleux ; le canapé de maroquin bleu, les meubles en bois rouge, recouverts de marbre et de bronze (« le bronze plaquait partout le merisier », p. 75), sont eux aussi à l'image d'Alberte : « Elle me produisait l'effet d'un épais et dur couvercle de marbre qui brûlait, chauffé par en dessous... » (p. 80). Dans Le Bonheur dans le crime, l'essentiel de l'intrigue se déroule entre la salle d'armes de Stassin et le château des Savigny – et plus précisément la chambre de la comtesse –, tous deux situés dans une petite ville à l'esprit particulièrement étroit, entichée de noblesse, « plus royaliste que le Roi » (p. 106) et qui rejette Serlon et Eulalie-Hauteclaire moins parce qu'elle les soupçonne du meurtre de Delphine de Cantor que parce qu'elle les blâme de ne pas avoir respecté les bienséances et évité la mésalliance.

Les personnages, quant à eux, sont non seulement diaboliques mais aussi monstrueux, au sens où ils sont hors normes, ce qui redouble leur étrangeté. Ils témoignent tous, à des degrés divers, d'une puissance et d'une grandeur sans pareilles, inquiétantes. Chez Brassard, « esprit, manières, physionomie, tout [est] large, étoffé, opulent, plein de lenteur patricienne » (p. 35), et Alberte, « cette archiduchesse d'altitude » (p. 62), paraît issue d'un milieu aristocratique bien éloigné de celui de ses parents :

« comment cette grande fille-là était-elle sortie de ce gros bonhomme en redingote jaune vert et à gilet blanc, qui avait une figure couleur des confitures de sa femme, une loupe sur la nuque, laquelle débordait sa cravate de mousseline brodée, et qui bredouillait ?... Et si le mari n'embarrassait pas, car le mari n'embarrasse jamais dans ces sortes de questions, la mère me paraissait tout aussi impossible à expliquer » (p. 62). Dans *Le Bonheur dans le crime*, le couple composé par Serlon et Hauteclaire présente lui aussi un caractère extraordinaire : « C'étaient, aurait-on cru à les voir ainsi passer, des créatures supérieures, qui n'apercevaient pas même à leurs orteils la terre sur laquelle ils marchaient, et qui traversaient le monde dans leur nuage, comme, dans Homère, les Immortels ! » (p. 103). Et les personnages eux-mêmes revendiquent leur distinction et provoquent la société, à l'image de Brassard, qui attache beaucoup d'importance à son apparence vestimentaire (« J'étais comme ces femmes qui n'en font pas moins leur toilette quand elles sont seules et qu'elles n'attendent personne. Je m'habillais... pour moi », p. 53), et aussi qui, « un jour de revue, [met] l'épée à la main, sur le front de bandière de son régiment, contre son inspecteur général, pour une observation de service » (p. 37), ou de Hauteclaire, qui « lève son voile, et [...] montre hardiment [aux autres femmes] le visage de servante qui a su se faire épouser, et elles rentrent indignées, mais rêveuses » (p. 152). Dans cette perspective, ce qui symbolise le mieux ces personnages, c'est l'image du masque, particulièrement présente dans *Le Bonheur dans le crime*, avec le champ lexical du théâtre (« la très difficile comédie », p. 133, « acteurs », p. 126, « ils jouent toujours serré », p. 146), image qui traduit leur goût pour la dissimulation. Par ailleurs, le caractère démesuré de ces personnages est rendu par une écriture de l'excès qui privilégie l'hyperbole et l'outrance, comme dans cette phrase tirée du *Bonheur dans le crime* : « elle avait son bonheur écrit sur son front d'une si radieuse manière, qu'en y répandant toute la bouteille d'encre double avec laquelle elle avait empoisonné la comtesse, on n'aurait pas pu l'effacer ! » (p. 148).

Enfin, la forme brève de la nouvelle et les structures narratives mises en place favorisent la concentration et l'ellipse. L'auteur exploite la focalisation interne (dans le récit de Brassard) ou la focalisation externe [1] (dans la relation de Torty), deux types de point de vue propices au mystère puisque les narrateurs n'ont pas accès à l'intériorité des autres personnages et sont donc réduits à des conjectures. Procédant de cette manière, l'auteur ne donne pas au lecteur toutes les clés des histoires. Le vicomte de Brassard ignore les mobiles d'Alberte, la passion étant exclue (« Je savais, certes, à n'en pas douter, que ce que cette fille éprouvait pour moi n'était pas de l'amour », p. 66), tout comme il ne connaît pas les causes de la mort brutale de la jeune fille (« Alberte était morte. De quoi ?... Je ne savais. Je n'étais pas médecin. Mais elle était morte », p. 86) ni la réaction des parents après ce drame ; le médecin Torty, lui, ignore les circonstances de l'introduction d'Eulalie-Hauteclaire au service des Savigny.

*
* *

Et la morale dans tout cela ? Dans la préface des *Diaboliques* (1874), Barbey en revendique une. Et il est vrai qu'Alberte, à force de démesure, est frappée par la mort et que le couple Savigny est rejeté par la société. Pourtant, les deux amants ne connaissent-ils pas « le bonheur dans le crime » ? Alberte ne demeure-t-elle

---
1. On parle de « focalisation externe » lorsque les personnages et les situations d'un récit sont connus « de l'extérieur », décrits par un narrateur qui enregistre les apparences, et de « focalisation interne » lorsque le narrateur restreint son regard à celui d'un personnage du récit lui-même, et ne raconte que ce qu'il voit ou sait.

pas fascinante d'impudence ? Le Diable serait-il plus présent et plus puissant que Dieu dans ces nouvelles ? L'affirmation de leur moralité pourrait bien n'être qu'une façon de justifier, de « rendre acceptable » aux contemporains de Barbey d'Aurevilly une esthétique qui, telle celle de Baudelaire, extrait les fleurs du mal...

CHRONOLOGIE

1808 1889
1808 1889

- Repères historiques et culturels
- Vie et œuvre de l'auteur

Repères historiques et culturels

1799	Coup d'État de Napoléon Bonaparte, qui met fin au Directoire. Début du Consulat.
1802	Chateaubriand, *René*, *Génie du christianisme*. Mme de Staël, *Delphine*.
1804	Napoléon Bonaparte est sacré empereur des Français sous le nom de Napoléon Ier. Fin du Consulat et début du Premier Empire. Senancour, *Oberman*.
1813	Campagne d'Allemagne : défaite des troupes françaises à Leipzig (Allemagne) annonciatrice de la fin de l'Empire.
1814	Abdication de Napoléon Ier, exilé sur l'île d'Elbe. Fin de l'Empire. Louis XVIII, frère de Louis XVI, accède au trône : première restauration de la monarchie.
1815	*De mars à juin* : les Cent-Jours. Période pendant laquelle Napoléon Ier tente de rétablir l'Empire. En juin, défaite de Waterloo et exil définitif de Napoléon à Sainte-Hélène. Retour de Louis XVIII sur le trône : seconde restauration de la monarchie.
1816	Constant, *Adolphe*.
1824	Mort de Louis XVIII. Début du règne de son frère, Charles X.
1827	Stendhal, *Armance*.

Vie et œuvre de l'auteur

1808   Naissance de Jules Amédée Barbey d'Aurevilly
à Saint-Sauveur, dans le Cotentin, en Normandie,
dans une famille très attachée à la monarchie.

1816   Malgré ses origines nobles, il n'obtient pas de place
dans une école militaire. De là naît un sentiment de rancœur
à l'encontre de la Restauration.

1818-
1825   Jules Barbey est à Valognes. Il réside chez son oncle maternel,
un médecin libre penseur mort en 1826 qui lui servira de modèle
pour le personnage du médecin Torty dans *Le Bonheur
dans le crime*.

1827   Barbey entre au collège Stanislas, à Paris.

1829   Il est bachelier et s'installe à Caen pour suivre ses études de droit.
Soutenant le parti républicain, il supprime la particule
de son nom, qu'il reprendra à partir de 1837.

Repères historiques et culturels

1830 Insurrection des 27, 28 et 29 juillet qui met fin au règne de Charles X. Louis-Philippe devient roi des Français : début de la monarchie de Juillet.
Stendhal, *Le Rouge et le Noir*.

1837 Balzac, *Illusions perdues*.
1838 Balzac, *Splendeurs et misères des courtisanes*.

1848 Insurrection des 22, 23 et 24 février, qui met fin à la monarchie de Juillet, remplacée par la IIe République.
Louis-Napoléon Bonaparte, le neveu de Napoléon Ier, est élu président de la République.
Chateaubriand, *Mémoires d'outre-tombe*.

Vie et œuvre de l'auteur

1830 Il rencontre Trebutien, libraire à Caen, avec lequel il devient ami.

1832 Il publie une nouvelle, *Léa*, dans une revue libérale dirigée par Trebutien. Par son thème (une jeune fille morte dans un baiser, voir dossier, p. 166-168), elle annonce *Le Rideau cramoisi*.

1833 Il achève ses études de droit et soutient sa thèse. Fort d'un petit héritage, il décide de s'installer à Paris pour vivre de sa plume. Il fréquente quelques salons et mène une vie dissipée.

1834 Publication de ses premiers articles dans la *Revue critique de la philosophie, des sciences et de la littérature*, qu'il a fondée avec Trebutien.

1838-1847 Il collabore au *Nouvelliste*, la revue de Thiers, l'un des chefs conservateurs de la monarchie de Juillet. Il est très influencé par la lecture des œuvres de Stendhal et de Balzac. Introduit dans le salon catholique et légitimiste de Mme de Maistre, épouse de l'homme politique, écrivain et philosophe Joseph de Maistre, il y joue les dandys. Mais, à la suite d'une profonde crise spirituelle, il revient au catholicisme et fonde avec des amis rencontrés chez Mme de Maistre la Société catholique, destinée à rénover l'art religieux. Il lance *La Revue du monde catholique*, où il défend des idées très conservatrices.

1849-1850 Il collabore à *La Mode*, journal légitimiste, dans lequel il fait paraître *Le Dessous de cartes d'une partie de whist*.

Repères historiques et culturels

1851 *2 décembre* : coup d'État de Louis-Napoléon Bonaparte.

1852 *2 décembre* : Louis-Napoléon Bonaparte se fait couronner empereur et s'attribue le nom de Napoléon III. Début du Second Empire.

1857 Baudelaire, *Les Fleurs du mal*. Flaubert, *Madame Bovary*. Ces ouvrages sont taxés d'immoralité. S'ensuivent des procès : Flaubert est acquitté mais Baudelaire est contraint de supprimer certaines pièces de son recueil.

1862 Baudelaire, *Petits poèmes en prose* (édition définitive en 1869 sous le titre *Le Spleen de Paris*).

1865 Les frères Goncourt, *Germinie Lacerteux* (un des premiers romans naturalistes).

Vie et œuvre de l'auteur

1851	Il publie un roman, *Une vieille maîtresse*, et rencontre, chez Mme de Maistre, Mme de Bouglon, qui sera son « Ange blanc » pendant quinze ans et avec qui il rêvera d'un impossible mariage.
1852-1854	Jules Barbey d'Aurevilly se rallie à Louis-Napoléon Bonaparte, qui incarne alors à ses yeux l'ordre et l'autorité. Il collabore comme critique littéraire au *Public* et au *Pays*, deux journaux bonapartistes. Il fait paraître *L'Ensorcelée*, un roman normand qui relate, sous la forme d'un récit enchâssé dans un autre, la passion silencieuse d'une femme noble pour un prêtre ; la résolution de l'intrigue revient au lecteur. L'œuvre laisse le public indifférent, mais suscite l'enthousiasme de Baudelaire.
1857	Dans *Le Pays*, il défend Balzac, attaqué par un critique de la *Revue des Deux Mondes* ; il aimerait aussi prendre parti en faveur de Baudelaire, mais le journal s'y oppose.
1858	Barbey met un terme à son amitié avec Trebutien. Lors de la deuxième édition d'*Une vieille maîtresse*, les milieux catholiques reprochent à l'auteur son immoralité.
1861	Barbey reprend sa vie dissipée.
1862-1863	Dans *Le Pays*, il attaque *Les Misérables* de Victor Hugo, à qui il reproche son optimisme humaniste. Il se brouille avec la rédaction du *Pays*, qui condamne son article contre Sainte-Beuve. Entré au *Figaro*, il rédige un article contre le directeur de la *Revue des Deux Mondes*, dont la violence est telle qu'il est traduit en justice et doit payer une amende.
1864-1865	Parution de ses romans, *Le Chevalier des Touches* puis *Un prêtre marié*.
1866	Rédaction probable du *Rideau cramoisi*.

Repères historiques et culturels

1867   Zola, *Thérèse Raquin*.

1870   Guerre franco-allemande. Défaite française à Sedan et destitution de Napoléon III.
4 septembre : proclamation de la IIIe République.

1871   La Commune de Paris.

1877   Zola, *L'Assommoir*.

1882   Vallès, *L'Insurgé*.

1884   Lois sur les libertés syndicales.

1889   Exposition universelle à Paris : inauguration de la tour Eiffel.

Vie et œuvre de l'auteur

1867 Publication du *Plus Bel Amour de Don Juan*.
1868 Rencontre avec Léon Bloy, qui devient un disciple de l'auteur.
1870 Rédaction probable du *Bonheur dans le crime*.

1871 Après la Commune, il quitte Paris pour Saint-Sauveur, puis Valognes, où il achève *Les Diaboliques*.

1874 Parution des *Diaboliques*, en un seul recueil. L'œuvre connaît le succès, en même temps qu'elle est entourée d'un parfum de scandale. Barbey d'Aurevilly est menacé de procès et contraint de retirer l'œuvre de la vente.

1877-1878 Publication des *Bas-Bleus* (ouvrage où il s'en prend aux femmes éprises de littérature) et de son roman *Ce qui ne meurt pas*, qui reçoit un accueil mitigé.

1879 Il rompt avec les milieux royalistes.

1882 Première réédition des *Diaboliques*. Publication de deux nouvelles, *Une histoire sans nom* et *Une page d'histoire*.

1889 Mort de Barbey d'Aurevilly. Il est enterré au cimetière Montparnasse, à Paris. Son corps ne sera transporté à Saint-Sauveur qu'en 1926.

Les Diaboliques

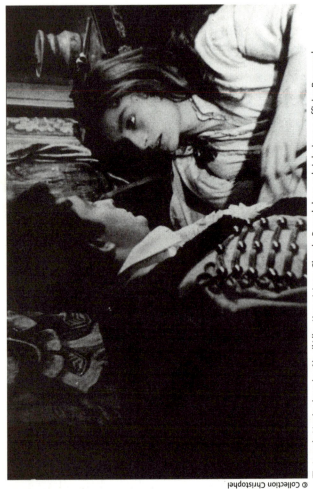

■ Anouk Aimée dans le rôle d'Albertine et Jean-Claude Pascal dans celui du jeune officier Brassard, dans l'adaptation filmique d'Alexandre Astruc (1952).

© Collection Christophel

Le Rideau cramoisi

Really.

Il y a terriblement d'années, je m'en allais chasser le gibier d'eau dans les marais de l'Ouest et, comme il n'y avait pas alors de chemins de fer dans le pays où il me fallait voyager, je prenais la diligence de *** qui passait à la patte d'oie[1] du château de Rueil[2]
5 et qui, pour le moment, n'avait dans son coupé[3] qu'une seule personne. Cette personne, très remarquable à tous égards, et que je connaissais pour l'avoir beaucoup rencontrée dans le monde, était un homme que je vous demanderai la permission d'appeler le vicomte de Brassard[4]. Précaution probablement inutile ! Les
10 quelques centaines de personnes qui se nomment le monde à Paris sont bien capables de mettre ici son nom véritable... Il était environ cinq heures du soir. Le soleil éclairait de ses feux alentis[5] une route poudreuse, bordée de peupliers et de prairies, sur laquelle nous nous élançâmes au galop de quatre vigoureux
15 chevaux dont nous voyions les croupes musclées se soulever

---

1. *Patte d'oie* : carrefour où se rejoignent plusieurs routes.
2. *Rueil* : localité située à l'ouest de Paris, célèbre pour son château (plus connu sous le nom «château de Malmaison»), construit par Richelieu et où résida l'impératrice Joséphine (1763-1814).
3. *Coupé* : compartiment avant d'une diligence.
4. Ce personnage a pu être inspiré par le vicomte de Bonchamp, officier que Barbey d'Aurevilly connaissait personnellement et qu'il décrit à Trebutien comme un «grand diable à la XVIe siècle, héroïque et goguenard».
5. *Alentis* : dont l'ardeur a diminué.

lourdement à chaque coup de fouet du postillon – du postillon, image de la vie, qui fait toujours trop claquer son fouet au départ !

Le vicomte de Brassard était à cet instant de l'existence où l'on ne fait plus guère claquer le sien... Mais c'est un de ces tempéraments dignes d'être Anglais (il a été élevé en Angleterre), qui, blessés à mort, n'en conviendraient jamais et mourraient en soutenant qu'ils vivent. On a dans le monde, et même dans les livres, l'habitude de se moquer des prétentions à la jeunesse de ceux qui ont dépassé cet âge heureux de l'inexpérience et de la sottise, et on a raison, quand la forme de ces prétentions est ridicule ; mais quand elle ne l'est pas, quand, au contraire, elle est imposante comme la fierté qui ne veut pas déchoir et qui l'inspire, je ne dis pas que cela n'est point insensé, puisque cela est inutile, mais c'est beau comme tant de choses insensées !... Si le sentiment de la Garde[1] qui *meurt et ne se rend pas*[2] est héroïque à Waterloo, il ne l'est pas moins en face de la vieillesse, qui n'a pas, elle, la poésie des baïonnettes pour nous frapper. Or, pour des têtes construites d'une certaine façon militaire, ne jamais se rendre est, à propos de tout, toujours *toute la question*, comme à Waterloo !

Le vicomte de Brassard, qui ne s'est pas rendu (il vit encore, et je dirai comment, plus tard, car il vaut la peine de le savoir), le vicomte de Brassard était donc, à la minute où je montais dans la diligence de ***, ce que le monde, féroce comme une jeune femme, appelle malhonnêtement un «vieux beau[3]». Il est vrai que, pour qui ne se paie pas de mots ou de chiffres dans cette question d'âge, où l'on n'a jamais que celui qu'on paraît avoir, le vicomte de Brassard pouvait passer pour un «beau» tout court.

---

1. *Garde* : corps de troupes attaché à l'Empereur.
2. La phrase «la Garde meurt et ne se rend pas» a été attribuée au général Cambronne (1770-1842) ; il l'aurait adressée aux troupes anglaises qui le sommaient de se rendre lors de la bataille de Waterloo.
3. *Un « vieux beau »* : un vieil homme élégant, qui cherche encore à plaire.

Du moins, à cette époque, la marquise de V...[1], qui se connaissait en jeunes gens et qui en aurait tondu une douzaine, comme Dalila tondit Samson[2], portait avec assez de faste, sur un fond bleu, dans un bracelet très large, en damier, or et noir, un bout de moustache du vicomte que le diable avait encore plus roussie que le temps... Seulement, vieux ou non, ne mettez sous cette expression de «beau», que le monde a faite, rien du frivole, du mince et de l'exigu qu'il y met, car vous n'auriez pas la notion juste de mon vicomte de Brassard, chez qui, esprit, manières, physionomie, tout était large, étoffé, opulent, plein de lenteur patricienne, comme il convenait au plus magnifique dandy que j'aie connu, moi qui ai vu Brummel[3] devenir fou, et d'Orsay[4] mourir !

C'était, en effet, un dandy que le vicomte de Brassard. S'il l'eût été moins, il serait devenu certainement maréchal de France. Il avait été dès sa jeunesse un des plus brillants officiers de la fin du Premier Empire. J'ai ouï dire, bien des fois, à ses camarades de régiment, qu'il se distinguait par une bravoure à la Murat[5],

---

1. *La marquise de V...* : il s'agit de Mme du Vallon, amie de Barbey d'Aurevilly.
2. Allusion à un épisode de la Bible (Livre des Juges, 16, 4-20). Samson possède une force extraordinaire qu'il tire de sa chevelure. Il lutte contre les Philistins et en tue mille avec une mâchoire d'âne. Mais Dalila, Philistine, qui a appris le secret de sa puissance, le séduit, lui rase la tête pendant son sommeil et le livre à l'ennemi.
3. *George Brummel* (1778-1840) : célèbre dandy britannique qui imposa son jugement en matière de mode dans le premier quart du XIXᵉ siècle. À la suite d'une période sombre (endettement, prison), il devint fou et mourut dans un asile. (Voir dossier, p. 160 *sq.*)
4. *Alfred Guillaume Gabriel, comte d'Orsay* : lieutenant dans la troupe des gardes du corps de Louis XVIII ; sa réputation de dandy est passée à la postérité. Il fut nommé directeur des Beaux-Arts par Napoléon III, peu avant sa mort, en 1852.
5. *Murat* (1767-1815) : premier aide de camp de Bonaparte, général de division et maréchal de France, célèbre pour son grand courage dans les batailles napoléoniennes.

compliquée de Marmont[1]. Avec cela – et avec une tête très carrée et très froide, quand le tambour ne battait pas –, il aurait pu, en très peu de temps, s'élancer aux premiers rangs de la hiérarchie militaire, mais le dandysme !... Si vous combinez le dandysme avec les qualités qui font l'officier : le sentiment de la discipline, la régularité dans le service, etc., etc., vous verrez ce qui restera de l'officier dans la combinaison et s'il ne saute pas comme une poudrière ! Pour qu'à vingt instants de sa vie l'officier de Brassard n'eût pas sauté, c'est que, comme tous les dandys, il était heureux. Mazarin l'aurait employé, ses nièces aussi, mais pour une autre raison : il était superbe.

Il avait eu cette beauté nécessaire au soldat plus qu'à personne, car il n'y a pas de jeunesse sans la beauté, et l'armée, c'est la jeunesse de la France ! Cette beauté, du reste, qui ne séduit pas que les femmes, mais les circonstances elles-mêmes – ces coquines –, n'avait pas été la seule protection qui se fût étendue sur la tête du capitaine de Brassard. Il était, je crois, de race normande, de la race de Guillaume le Conquérant, et il avait, dit-on, beaucoup conquis... Après l'abdication de l'Empereur, il était naturellement passé aux Bourbons, et, pendant les Cent-Jours, surnaturellement leur était demeuré fidèle. Aussi, quand les Bourbons furent revenus, la seconde fois[2], le vicomte fut-il armé chevalier de Saint-Louis[3] de la propre main de Charles X (alors MONSIEUR[4]). Pendant tout le temps de la Restauration, le beau de Brassard ne montait pas une seule fois la garde aux

---

1. *Auguste Frédéric Louis Viesse de Marmont, duc de Raguse* (1774-1852) : aide de camp fidèle de Bonaparte, réputé pour être un bon stratège. Louis XVIII le fit pair de France et il fut chargé du commandement des troupes royales pendant les journées insurrectionnelles de juillet 1830.
2. Pour tous ces événements historiques, voir chronologie, p. 21.
3. L'ordre royal et militaire de Saint-Louis fut créé en 1693 par Louis XIV. Il récompensait le mérite et les services rendus par les officiers catholiques. Il fut supprimé de 1792 à 1815, puis à nouveau en 1830.
4. *Monsieur* : nom donné, à partir du XVIe siècle, à l'aîné des frères du roi. Lorsqu'il est marié, sa femme est appelée « Madame ».

Tuileries[1], que la duchesse d'Angoulême[2] ne lui adressât, en passant, quelques mots gracieux. Elle, chez qui le malheur avait tué la grâce, savait en retrouver pour lui. Le ministre, voyant
90 cette faveur, aurait tout fait pour l'avancement de l'homme que MADAME distinguait ainsi ; mais, avec la meilleure volonté du monde, que faire pour cet enragé dandy qui – un jour de revue – avait mis l'épée à la main, sur le front de bandière[3] de son régiment, contre son inspecteur général, pour une observation de
95 service ?... C'était assez que de lui sauver le conseil de guerre. Ce mépris insouciant de la discipline, le vicomte de Brassard l'avait porté partout. Excepté en campagne, où l'officier se retrouvait tout entier, il ne s'était jamais astreint aux obligations militaires. Maintes fois, on l'avait vu, par exemple, au risque de se faire
100 mettre à des arrêts infiniment prolongés, quitter furtivement sa garnison[4] pour aller s'amuser dans une ville voisine et n'y revenir que les jours de parade ou de revue, averti par quelque soldat qui l'aimait, car si ses chefs ne se souciaient pas d'avoir sous leurs ordres un homme dont la nature répugnait à toute espèce de
105 discipline et de routine, ses soldats, en revanche, l'adoraient. Il était excellent pour eux. Il n'en exigeait rien que d'être très braves, très pointilleux et très coquets, réalisant enfin le type de l'ancien

---

1. *Tuileries* : château construit à Paris sur la rive droite de la Seine, entre le Louvre et les Champs-Élysées. Les travaux commencèrent au XVIe siècle et se poursuivirent jusque après 1800. Résidence royale sous Louis XV, siège de la Convention nationale à la Révolution (1793), habité par les souverains à partir de l'Empire, le palais fut partiellement détruit par un incendie lors de la Commune et démoli (excepté les deux pavillons) en 1882.
2. *Duchesse d'Angoulême* (1778-1851) : fille de Louis XVI et de Marie-Antoinette, appelée «Madame Royale». Elle fut enfermée au Temple (prieuré parisien), en 1792, puis échangée contre les commissaires français livrés aux Autrichiens par le général Dumouriez. Mariée au fils aîné de Charles X en 1799, elle eut une forte influence sur Louis XVIII et Charles X.
3. *Front de bandière* : rangée et alignement des drapeaux et des étendards en tête d'une armée, d'un camp (expression militaire).
4. *Garnison* : corps de troupes caserné dans une ville.

soldat français, dont la *Permission de dix heures*[1] et trois à quatre vieilles chansons, qui sont des chefs-d'œuvre, nous ont conservé une si exacte et si charmante image. Il les poussait peut-être un peu trop au duel, mais il prétendait que c'était là le meilleur moyen qu'il connût de développer en eux l'esprit militaire. « Je ne suis pas un gouvernement, disait-il, et je n'ai point de décorations à leur donner quand ils se battent bravement entre eux ; mais les décorations dont je suis le grand-maître (il était fort riche de sa fortune personnelle), ce sont des gants, des buffleteries[2] de rechange, et tout ce qui peut les pomponner, sans que l'ordonnance s'y oppose. » Aussi, la compagnie qu'il commandait effaçait-elle, par la beauté de la tenue, toutes les autres compagnies de grenadiers[3] des régiments de la Garde, si brillante déjà. C'est ainsi qu'il exaltait à outrance la personnalité du soldat, toujours prête, en France, à la fatuité[4] et à la coquetterie, ces deux provocations permanentes, l'une par le ton qu'elle prend, l'autre par l'envie qu'elle excite. On comprendra, après cela, que les autres compagnies de son régiment fussent jalouses de la sienne. On se serait battu pour entrer dans celle-là, et battu encore pour n'en pas sortir.

Telle avait été, sous la Restauration, la position tout exceptionnelle du capitaine vicomte de Brassard. Et comme il n'y avait pas alors, tous les matins, comme sous l'Empire, la ressource de l'héroïsme en action qui fait tout pardonner, personne n'aurait certainement pu prévoir ou deviner combien de temps aurait duré cette martingale d'insubordination[5] qui étonnait ses cama-

---

1. *Permission de dix heures* : il s'agit vraisemblablement du titre d'une chanson militaire célèbre en son temps.
2. *Buffleteries* : parties en cuir de l'équipement militaire qui soutiennent les armes.
3. *Grenadiers* : soldats d'élite choisis parmi les hommes de haute taille, qui forment la première compagnie des bataillons d'infanterie de la Garde.
4. *Fatuité* : prétention.
5. *Cette martingale d'insubordination* : ce redoublement d'insoumission (« martingale » désigne une manière de jouer, consistant à miser le double de ce que l'on a perdu au tour précédent).

rades, et qu'il jouait contre ses chefs avec la même audace qu'il aurait joué sa vie s'il fût allé au feu, lorsque la révolution de 1830 leur ôta, s'ils l'avaient, le souci, et à lui, l'imprudent capitaine, l'humiliation d'une destitution qui le menaçait chaque jour davantage. Blessé grièvement aux Trois Jours[1], il avait dédaigné de prendre du service sous la nouvelle dynastie des d'Orléans qu'il méprisait[2]. Quand la révolution de Juillet les fit maîtres d'un pays qu'ils n'ont pas su garder, elle avait trouvé le capitaine dans son lit, malade d'une blessure qu'il s'était faite au pied en dansant – comme il aurait chargé[3] – au dernier bal de la duchesse de Berry[4]. Mais au premier roulement de tambour, il ne s'en était pas moins levé pour rejoindre sa compagnie, et comme il ne lui avait pas été possible de mettre des bottes, à cause de sa blessure, il s'en était allé à l'émeute comme s'il s'en serait allé au bal, en chaussons vernis et en bas de soie, et c'est ainsi qu'il avait pris la tête de ses grenadiers sur la place de la Bastille, chargé qu'il était de balayer dans toute sa longueur le boulevard. Paris, où les barricades n'étaient pas dressées encore, avait un aspect sinistre et redoutable. Il était désert. Le soleil y tombait d'aplomb, comme une première pluie de feu qu'une autre devait suivre, puisque toutes ces fenêtres, masquées

---

1. *Trois Jours* : journées insurrectionnelles des 27, 28 et 29 juillet 1830, également appelées les « Trois Glorieuses », initiées par un mouvement parisien, d'origine populaire, en faveur des libertés politiques menacées. Elle confirma le système en place (monarchie constitutionnelle) en aboutissant à la monarchie de Juillet, mais se solda par la chute des Bourbons (abdication du roi Charles X) au profit de la famille d'Orléans (accession au trône du duc d'Orléans, Louis-Philippe).
2. Le roi Louis-Philippe est le fils de Philippe Égalité (1747-1793), qui vota la mort de Louis XVI. Son régime s'appuie très largement sur la grande bourgeoisie et non sur l'aristocratie. Cela explique le ressentiment de Brassard, porte-parole ici de Barbey d'Aurevilly.
3. *Chargé* : attaqué l'ennemi, donné l'assaut.
4. *Duchesse de Berry* : belle-fille de Charles X, qui, en 1832, chercha en vain à soulever la Vendée contre Louis-Philippe (1790-1870).

de leurs persiennes, allaient, tout à l'heure, cracher la mort... Le
capitaine de Brassard rangea ses soldats sur deux lignes, le long
et le plus près possible des maisons, de manière que chaque file
de soldats ne fût exposée qu'aux coups de fusil qui lui venaient
d'en face, et lui, plus dandy que jamais, prit le milieu de chaus-
sée. Ajusté des deux côtés par des milliers de fusils, de pistolets
et de carabines, depuis la Bastille jusqu'à la rue de Richelieu, il
n'avait pas été atteint, malgré la largeur d'une poitrine dont
il était peut-être un peu trop fier, car le capitaine de Brassard
poitrinait[1] au feu, comme une belle femme, au bal, qui veut
mettre sa gorge en valeur, quand, arrivé devant Frascati[2], à
l'angle de la rue de Richelieu, et au moment où il commandait
à sa troupe de se masser derrière lui pour emporter la première
barricade qu'il trouva dressée sur son chemin, il reçut une balle
dans sa magnifique poitrine, deux fois provocatrice, et par sa
largeur, et par les longs brandebourgs[3] d'argent qui y étince-
laient d'une épaule à l'autre, et il eut le bras cassé d'une pierre,
ce qui ne l'empêcha pas d'enlever la barricade et d'aller jusqu'à
la Madeleine, à la tête de ses hommes enthousiasmés. Là, deux
femmes en calèche, qui fuyaient Paris insurgé, voyant un officier
de la Garde blessé, couvert de sang et couché sur les blocs de
pierre qui entouraient, à cette époque-là, l'église de la Madeleine
à laquelle on travaillait encore[4], mirent leur voiture à sa disposition, et il se fit mener par elles au Gros-Caillou[5], où se trouvait

---

1. *Poitrinait* : ici, bombait la poitrine.
2. *Frascati* : situé à l'extrémité de la rue de Richelieu, cet établissement, qui doit son nom à une ville italienne dans les environs de Naples, est à la fois un tripot, un restaurant avec des salons élégants, une salle de bal et un hôtel meublé. Il connut une grande prospérité sous le Directoire.
3. *Brandebourgs* : ornements en broderie ou en galon sur un vêtement, le plus souvent autour des boutonnières.
4. Commencée en 1763, sous Louis XV, la construction de l'église de la Madeleine, située sur la rive droite de la Seine, ne fut achevée qu'en 1842.
5. *Gros-Caillou* : quartier situé sur la rive gauche de la Seine, au niveau du pont des Invalides, et recouvrant la plaine de Grenelle.

alors le maréchal de Raguse[1], à qui il dit militairement : « Maréchal, j'en ai peut-être pour deux heures ; mais pendant ces deux
180 heures-là, mettez-moi partout où vous voudrez ! » Seulement il se trompait... Il en avait pour plus de deux heures. La balle qui l'avait traversé ne le tua pas. C'est plus de quinze ans après que je l'avais connu, et il prétendait alors, au mépris de la médecine et de son médecin, qui lui avait expressément défendu de boire
185 tout le temps qu'avait duré la fièvre de sa blessure, qu'il ne s'était sauvé d'une mort certaine qu'en buvant du vin de Bordeaux.

Et en en buvant, comme il en buvait ! car, dandy en tout, il l'était dans sa manière de boire comme dans tout le reste... il buvait comme un Polonais[2]. Il s'était fait faire un splendide verre
190 en cristal de Bohême, qui jaugeait, Dieu me damne ! une bouteille de bordeaux tout entière, et il le buvait d'une haleine ! Il ajoutait même, après avoir bu, qu'il faisait tout dans ces proportions-là, et c'était vrai ! Mais dans un temps où la force, sous toutes les formes, s'en va diminuant, on trouvera peut-être qu'il n'y a pas de quoi
195 être fat. Il l'était à la façon de Bassompierre[3], et il portait le vin comme lui. Je l'ai vu sabler[4] douze coups de son verre de Bohême, et il n'y paraissait même pas ! Je l'ai vu souvent encore, dans ces repas que les gens décents traitent « d'orgies », et jamais il ne dépassait, après les plus brûlantes lampées, cette nuance de griserie
200 qu'il appelait, avec une grâce légèrement soldatesque, « être un peu pompette », en faisant le geste militaire de mettre un pompon à son bonnet. Moi, qui voudrais vous faire bien comprendre le genre d'homme qu'il était, dans l'intérêt de l'histoire qui va suivre,

---

1. *Le maréchal de Raguse* : il s'agit du maréchal de Marmont (voir note 1, p. 36).
2. *Il buvait comme un Polonais* : il buvait excessivement (expression proverbiale et familière).
3. *François de Bassompierre* (1579-1646) : maréchal de France. Grand seigneur fier de son rang, soldat valeureux et diplomate talentueux, il fut très apprécié à la Cour pour son esprit et son goût du faste.
4. *Sabler* : boire d'un trait.

pourquoi ne vous dirai-je pas que je lui ai connu sept maîtresses, en pied[1], à la fois, à ce bon *braguard*[2] du XIXe siècle, comme l'aurait appelé le XVIe en sa langue pittoresque. Il les intitulait poétiquement « les sept cordes de sa lyre », et, certes, je n'approuve pas cette manière musicale et légère de parler de sa propre immoralité ! Mais, que voulez-vous ? Si le capitaine vicomte de Brassard n'avait pas été tout ce que je viens d'avoir l'honneur de vous dire, mon histoire serait moins piquante, et probablement n'eussé-je pas pensé à vous la conter.

Il est certain que je ne m'attendais guère à le trouver là, quand je montai dans la diligence de *** à la patte d'oie du château de Rueil. Il y avait longtemps que nous ne nous étions vus, et j'eus du plaisir à rencontrer, avec la perspective de passer quelques heures ensemble, un homme qui était encore de nos jours, et qui différait déjà tant des hommes de nos jours. Le vicomte de Brassard, qui aurait pu entrer dans l'armure de François Ier et s'y mouvoir avec autant d'aisance que dans son svelte frac[3] bleu d'officier de la Garde royale, ne ressemblait, ni par la tournure, ni par les proportions, aux plus vantés des jeunes gens d'à présent. Ce soleil couchant d'une élégance grandiose et si longtemps radieuse, aurait fait paraître bien maigrelets et bien pâlots tous ces petits croissants de la mode, qui se lèvent maintenant à l'horizon ! Beau de la beauté de l'empereur Nicolas[4], qu'il rappelait par le torse, mais moins idéal de visage et moins grec de profil, il portait une courte barbe, restée noire, ainsi que ses cheveux, par un mystère d'organisation ou de toilette… impénétrable, et cette barbe envahissait très haut ses joues, d'un coloris animé et mâle. Sous un front de la

---

1. *En pied* : en titre.
2. *Braguard* (ou *bragard*) : homme élégant, fastueux et mondain (archaïque).
3. *Frac* : habit masculin de cérémonie, qui se boutonne sur la poitrine et se termine en queue-de-pie.
4. *L'empereur Nicolas* : il s'agit de Nicolas Ier, empereur de Russie de 1825 à 1855.

plus haute noblesse – un front bombé, sans aucune ride, blanc comme le bras d'une femme – et que le bonnet à poil du grenadier, qui fait tomber les cheveux, comme le casque, en le dégarnissant un peu au sommet, avait rendu plus vaste et plus fier, le vicomte de Brassard cachait presque, tant ils étaient enfoncés sous l'arcade sourcilière, deux yeux étincelants, d'un bleu très sombre, mais très brillants dans leur enfoncement, et y piquant comme deux saphirs taillés en pointe ! Ces yeux-là ne se donnaient pas la peine de scruter, et ils pénétraient. Nous nous prîmes la main, et nous causâmes. Le capitaine de Brassard parlait lentement, d'une voix vibrante qu'on sentait capable de remplir un Champ-de-Mars[1] de son commandement. Élevé dès son enfance, comme je vous l'ai dit, en Angleterre, il pensait peut-être en anglais ; mais cette lenteur, sans embarras du reste, donnait un tour très particulier à ce qu'il disait, et même à sa plaisanterie, car le capitaine aimait la plaisanterie, et il l'aimait même un peu risquée. Il avait ce qu'on appelle le propos vif. Le capitaine de Brassard allait toujours *trop loin*, disait la comtesse de F..., cette jolie veuve, qui ne porte plus que trois couleurs depuis son veuvage : du noir, du violet et du blanc. Il fallait qu'il fût trouvé de très bonne compagnie pour ne pas être souvent trouvé de la mauvaise. Mais quand on en est réellement, vous savez bien qu'on se passe tout, au faubourg Saint-Germain[2] !

Un des avantages de la causerie en voiture, c'est qu'elle peut cesser quand on n'a plus rien à se dire, et cela sans embarras pour personne. Dans un salon, on n'a point cette liberté. La politesse vous fait un devoir de parler quand même, et on est souvent puni de cette hypocrisie innocente par le vide et l'ennui de ces conversations où les sots, même nés silencieux (il y en a),

---

1. *Champ-de-Mars* : terrain de manœuvres, d'exercices militaires. À Paris, il se situe entre l'École militaire et la rive gauche de la Seine.
2. *Faubourg Saint-Germain* : quartier parisien situé sur la rive gauche de la Seine et habité par la haute bourgeoisie et l'aristocratie, qui forment un groupe très fermé et servant de référence en matière de codes mondains.

se travaillent et se détirent[1] pour dire quelque chose et être aimables. En voiture publique, tout le monde est chez soi autant que chez les autres, et on peut sans inconvenance rentrer dans le silence qui plaît et faire succéder à la conversation la rêverie... Malheureusement, les hasards de la vie sont affreusement plats, et jadis (car c'est jadis déjà) on montait vingt fois en voiture publique – comme aujourd'hui vingt fois en wagon – sans rencontrer un causeur animé et intéressant... Le vicomte de Brassard échangea d'abord avec moi quelques idées que les accidents de la route, les détails du paysage et quelques souvenirs du monde où nous nous étions rencontrés autrefois avaient fait naître, puis, le jour déclinant nous versa son silence dans son crépuscule. La nuit, qui, en automne, semble tomber à pic du ciel tant elle vient vite ! nous saisit de sa fraîcheur, et nous nous roulâmes dans nos manteaux, cherchant de la tempe le dur coin qui est l'oreiller de ceux qui voyagent. Je ne sais si mon compagnon s'endormit dans son angle de coupé ; mais moi, je restai éveillé dans le mien. J'étais si blasé sur la route que nous faisions là et que j'avais tant de fois faite, que je prenais à peine garde aux objets extérieurs, qui disparaissaient dans le mouvement de la voiture, et qui semblaient courir dans la nuit, en sens opposé à celui dans lequel nous courions. Nous traversâmes plusieurs petites villes, semées, çà et là, sur cette longue route que les postillons appelaient encore un fier « ruban de queue[2] », en souvenir de la leur, pourtant coupée depuis longtemps[3]. La nuit devint noire comme un four éteint, et, dans cette obscurité, ces villes inconnues par lesquelles nous passions avaient d'étranges physionomies et donnaient l'illusion que nous étions au bout du monde... Ces sortes de sensations que je note ici, comme le souvenir des impressions

---

1. *Se détirent* : littéralement, étendent en tirant ; ici, font des efforts.
2. *Ruban de queue* : longue route qui se déroule à perte de vue devant le voyageur.
3. Au siècle précédent, les postillons portaient une perruque dotée d'une queue, attachée par un ruban.

dernières d'un état de choses disparu, n'existent plus et ne reviendront jamais pour personne. À présent, les chemins de fer, avec leurs gares à l'entrée des villes, ne permettent plus au voyageur d'embrasser, en un rapide coup d'œil, le panorama fuyant de leurs rues, au galop des chevaux d'une diligence qui va, tout à l'heure, relayer[1] pour repartir. Dans la plupart de ces petites villes que nous traversâmes, les réverbères, ce luxe tardif, étaient rares, et on y voyait certainement bien moins que sur les routes que nous venions de quitter. Là, du moins, le ciel avait sa largeur, et la grandeur de l'espace faisait une vague lumière, tandis qu'ici le rapprochement des maisons qui semblaient se baiser, leurs ombres portées dans ces rues étroites, le peu de ciel et d'étoiles qu'on apercevait entre les deux rangées des toits, tout ajoutait au mystère de ces villes endormies, où le seul homme qu'on rencontrât était – à la porte de quelque auberge – un garçon d'écurie avec sa lanterne, qui amenait les chevaux de relais, et qui bouclait les ardillons[2] de leur attelage, en sifflant ou en jurant contre ses chevaux récalcitrants ou trop vifs... Hors cela et l'éternelle interpellation, toujours la même, de quelque voyageur, ahuri de sommeil, qui baissait une glace et criait dans la nuit, rendue plus sonore à force de silence : « Où sommes-nous donc, postillon ?... » rien de vivant ne s'entendait et ne se voyait autour et dans cette voiture pleine de gens qui dormaient, en cette ville endormie, où peut-être quelque rêveur, comme moi, cherchait, à travers la vitre de son compartiment, à discerner la façade des maisons estompée par la nuit, ou suspendait son regard et sa pensée à quelque fenêtre éclairée encore à cette heure avancée, en ces petites villes aux mœurs réglées et simples, pour qui la nuit était faite surtout pour dormir. La veille d'un être humain – ne fût-ce qu'une sentinelle –, quand tous les autres êtres sont plongés dans cet assoupissement qui est l'assoupissement de

---

1. *Relayer* : remplacer ses chevaux fatigués par des chevaux frais.
2. *Ardillons* : pointes de métal qui font partie des boucles et s'engagent dans les trous de courroies.

l'animalité fatiguée, a toujours quelque chose d'imposant. Mais l'ignorance de ce qui fait veiller derrière une fenêtre aux rideaux baissés, où la lumière indique la vie et la pensée, ajoute la poésie du rêve à la poésie de la réalité. Du moins, pour moi, je n'ai jamais pu voir une fenêtre, éclairée la nuit, dans une ville couchée, par laquelle je passais, sans accrocher à ce cadre de lumière un monde de pensées, sans imaginer derrière ces rideaux des intimités et des drames... Et maintenant, oui, au bout de tant d'années, j'ai encore dans la tête de ces fenêtres qui y sont restées éternellement et mélancoliquement lumineuses, et qui me font dire souvent, lorsqu'en y pensant, je les revois dans mes songeries :

« Qu'y avait-il donc derrière ces rideaux ? »

Eh bien ! une de celles qui me sont restées le plus dans la mémoire (mais tout à l'heure vous en comprendrez la raison) est une fenêtre d'une des rues de la ville de ***, par laquelle nous passions cette nuit-là. C'était à trois maisons – vous voyez si mon souvenir est précis – au-dessus de l'hôtel devant lequel nous relayions ; mais cette fenêtre, j'eus le loisir de la considérer plus de temps que le temps d'un simple relais. Un accident venait d'arriver à une des roues de notre voiture, et on avait envoyé chercher le charron[1] qu'il fallut réveiller. Or, réveiller un charron, dans une ville de province endormie, et le faire lever pour resserrer un écrou à une diligence qui n'avait pas de *concurrence* sur cette ligne-là, n'était pas une petite affaire de quelques minutes... Que si le charron était aussi endormi dans son lit qu'on l'était dans notre voiture, il ne devait pas être facile de le réveiller... De mon coupé, j'entendais à travers la cloison les ronflements des voyageurs de l'intérieur, et pas un des voyageurs de l'impériale[2], qui, comme on le sait, ont la manie de toujours descendre dès que la diligence arrête, probablement (car la vanité se fourre partout en France, même sur l'impériale des voitures) pour montrer leur

---

1. *Charron* : celui qui fabrique des chariots, des charrettes et des roues pour ces véhicules.
2. *Impériale* : partie supérieure d'une diligence.

adresse à remonter, n'était descendu... Il est vrai que l'hôtel devant lequel nous nous étions arrêtés était fermé. On n'y soupait point. On avait soupé au relais précédent. L'hôtel sommeillait, comme nous. Rien n'y trahissait la vie. Nul bruit n'en troublait
355 le profond silence... si ce n'est le coup de balai, monotone et lassé, de quelqu'un (homme ou femme... on ne savait ; il faisait trop nuit pour bien s'en rendre compte) qui balayait alors la grande cour de cet hôtel muet, dont la porte cochère restait habituellement ouverte. Ce coup de balai traînard, sur le pavé, avait
360 aussi l'air de dormir, ou du moins d'en avoir diablement envie ! La façade de l'hôtel était noire comme les autres maisons de la rue où il n'y avait de lumière qu'à une seule fenêtre... cette fenêtre que précisément j'ai emportée dans ma mémoire et que j'ai là, toujours, sous le front !... La maison, dans laquelle on ne pouvait pas
365 dire que cette lumière brillait, car elle était tamisée par un double rideau cramoisi[1] dont elle traversait mystérieusement l'épaisseur, était une grande maison qui n'avait qu'un étage – mais placé très haut...

« C'est singulier ! fit le vicomte de Brassard, comme s'il se
370 parlait à lui-même, on dirait que c'est toujours le même rideau ! »

Je me retournai vers lui, comme si j'avais pu le voir dans notre obscur compartiment de voiture ; mais la lampe, placée sous le siège du cocher, et qui est destinée à éclairer les chevaux et la route, venait justement de s'éteindre... Je croyais qu'il dor-
375 mait, et il ne dormait pas, et il était frappé comme moi de l'air qu'avait cette fenêtre ; mais, plus avancé que moi, il savait, lui, pourquoi il l'était !

Or, le ton qu'il mit à dire cela – une chose d'une telle simplicité ! – était si peu dans la voix de mondit[2] vicomte de
380 Brassard et m'étonna si fort, que je voulus avoir le cœur net de la curiosité qui me prit tout à coup de voir son visage, et que je fis

---
1. *Cramoisi* : d'une couleur rouge foncé tirant sur le violet.
2. *Mondit* : déterminant utilisé pour désigner le vicomte de Brassard dont il a déjà été question.

partir une allumette comme si j'avais voulu allumer mon cigare. L'éclair bleuâtre de l'allumette coupa l'obscurité.

Il était pâle, non pas comme un mort... mais comme la Mort elle-même.

Pourquoi pâlissait-il ?... Cette fenêtre, d'un aspect si particulier, cette réflexion et cette pâleur d'un homme qui pâlissait très peu d'ordinaire, car il était sanguin, et l'émotion, lorsqu'il était ému, devait l'empourprer jusqu'au crâne, le frémissement que je sentis courir dans les muscles de son puissant biceps, touchant alors contre mon bras dans le rapprochement de la voiture, tout cela me produisit l'effet de cacher quelque chose... que moi, le chasseur aux histoires, je pourrais peut-être savoir en m'y prenant bien.

« Vous regardiez donc aussi cette fenêtre, capitaine, et même vous la reconnaissiez ? lui dis-je de ce ton détaché qui semble ne pas tenir du tout à la réponse et qui est l'hypocrisie de la curiosité.

– Parbleu ! si je la reconnais ! » fit-il de sa voix ordinaire, richement timbrée et qui appuyait sur les mots.

Le calme était déjà revenu dans ce dandy, le plus carré et le plus majestueux des dandys, lesquels – vous le savez ! – méprisent toute émotion, comme inférieure, et ne croient pas, comme ce niais de Goethe, que l'étonnement puisse jamais être une position honorable pour l'esprit humain.

« Je ne passe pas par ici souvent, continua donc, très tranquillement, le vicomte de Brassard, et même j'évite d'y passer. Mais il est des choses qu'on n'oublie point. Il n'y en a pas beaucoup, mais il y en a. J'en connais trois : le premier uniforme qu'on a mis, la première bataille où l'on a donné, et la première femme qu'on a eue. Eh bien ! pour moi, cette fenêtre est la quatrième chose que je ne puisse pas oublier. »

Il s'arrêta, baissa la glace qu'il avait devant lui... Était-ce pour mieux voir cette fenêtre dont il me parlait ?... Le conducteur était allé chercher le charron et ne revenait pas. Les chevaux de relais, en retard, n'étaient pas encore arrivés de la poste. Ceux qui nous avaient traînés, immobiles de fatigue, harassés, non dételés, la tête pendant dans leurs jambes, ne donnaient pas même sur le pavé silencieux le coup de pied de l'impatience, en rêvant de leur écurie. Notre diligence endormie ressemblait à une voiture enchantée, figée par la baguette des fées, à quelque carrefour de clairière, dans la forêt de la Belle au Bois dormant.

« Le fait est, dis-je, que pour un homme d'imagination, cette fenêtre a de la physionomie.

– Je ne sais pas ce qu'elle a pour vous, reprit le vicomte de Brassard, mais je sais ce qu'elle a pour moi. C'est la fenêtre de la chambre qui a été ma première chambre de garnison. J'ai habité là... Diable ! il y a tout à l'heure trente-cinq ans ! derrière ce rideau... qui semble n'avoir pas été changé depuis tant d'années, et que je trouve éclairé, absolument éclairé, comme il l'était quand... »

Il s'arrêta encore, réprimant sa pensée ; mais je tenais à la faire sortir.

« Quand vous étudiiez votre tactique, capitaine, dans vos premières veilles de sous-lieutenant ?

– Vous me faites beaucoup trop d'honneur, répondit-il. J'étais, il est vrai, sous-lieutenant dans ce moment-là, mais les nuits que je passais alors, je ne les passais pas sur ma tactique, et si j'avais ma lampe allumée, à ces heures indues, comme disent les gens rangés, ce n'était pas pour lire le maréchal de Saxe[1].

– Mais, fis-je, preste comme un coup de raquette, c'était, peut-être, tout de même, pour l'imiter ? »

Il me renvoya mon volant.

« Oh ! dit-il, ce n'était pas alors que j'imitais le maréchal de Saxe, comme vous l'entendez... Ça n'a été que bien plus tard. Alors, je n'étais qu'un bambin de sous-lieutenant, fort épinglé

---

1. *Maréchal de Saxe* (1696-1750) : général français, fait maréchal en 1744. Il fut l'un des plus grands capitaines de son temps, célèbre également pour ses aventures galantes. Il exposa ses conceptions sur l'art militaire dans *Lettres et Mémoires*.

dans ses uniformes, mais très gauche et très timide avec les femmes, quoiqu'elles n'aient jamais voulu le croire, probablement à cause de ma diable de figure... je n'ai jamais eu avec elles les profits de ma timidité. D'ailleurs, je n'avais que dix-sept ans dans ce beau temps-là. Je sortais de l'École militaire. On en sortait à l'heure où vous y entrez à présent, car si l'Empereur, ce terrible consommateur d'hommes, avait duré, il aurait fini par avoir des soldats de douze ans, comme les sultans d'Asie ont des odalisques[1] de neuf. »

« "S'il se met à parler de l'Empereur et des odalisques, pensé-je, je ne saurai rien."

« Et pourtant, vicomte, repartis-je, je parierais bien que vous n'avez gardé si présent le souvenir de cette fenêtre, qui luit là-haut, que parce qu'il y a eu pour vous une femme derrière son rideau !

– Et vous gagneriez votre pari, Monsieur, fit-il gravement.

– Ah ! parbleu ! repris-je, j'en étais bien sûr ! Pour un homme comme vous, dans une petite ville de province où vous n'avez peut-être pas passé dix fois depuis votre première garnison, il n'y a qu'un siège que vous y auriez soutenu ou quelque femme que vous y auriez prise, par escalade, qui puisse vous consacrer si vivement la fenêtre d'une maison que vous retrouvez aujourd'hui éclairée d'une certaine manière, dans l'obscurité !

– Je n'y ai cependant pas soutenu de siège... du moins militairement, répondit-il, toujours grave ; mais être grave, c'était souvent sa manière de plaisanter, et, d'un autre côté, quand on se rend si vite la chose peut-elle s'appeler un siège ?... Mais quant à prendre une femme avec ou sans escalade, je vous l'ai dit, en ce temps-là, j'en étais parfaitement incapable... Aussi ne fut-ce pas une femme qui fut prise ici : ce fut moi ! »

Je le saluai ; le vit-il dans ce coupé sombre ?

---

1. Odalisques : femmes de chambre esclaves des femmes d'un harem, dans la Turquie ottomane ; ou, employé de manière abusive, femmes de ce harem.

« On a pris Berg-op-Zoom[1], lui dis-je.

– Et les sous-lieutenants de dix-sept ans, ajouta-t-il, ne sont ordinairement pas des Berg-op-Zoom de sagesse et de continence imprenables !

– Ainsi, fis-je gaîment, encore une madame ou une mademoiselle Putiphar[2]…

– C'était une demoiselle, interrompit-il avec une bonhomie assez comique.

– À mettre à la pile de toutes les autres, capitaine ! Seulement, ici, le Joseph était militaire… un Joseph qui n'aura pas fui…

– Qui a parfaitement fui, au contraire, repartit-il, du plus grand sang-froid – quoique trop tard et avec une peur !!! Avec une peur à me faire comprendre la phrase du maréchal Ney[3] que j'ai entendue de mes deux oreilles et qui, venant d'un pareil homme, m'a, je l'avoue, un peu soulagé : "Je voudrais bien savoir quel est le Jean-f…[4] (il lâcha le mot tout au long) qui dit n'avoir jamais eu peur !"

– Une histoire dans laquelle vous avez eu cette sensation-là doit être fameusement intéressante, capitaine !

– Pardieu ! fit-il brusquement, je puis bien, si vous en êtes curieux, vous la raconter, cette histoire, qui a été un événement, mordant sur ma vie comme un acide sur de l'acier, et qui a marqué à jamais d'une tache noire tous mes plaisirs de mauvais sujet… Ah ! ce n'est pas toujours profit que d'être un mauvais

---

1. *Berg-op-Zoom* : aujourd'hui Bergen-op-Zoom, ville des Pays-Bas célèbre pour avoir soutenu de longs sièges. Elle fut prise par les Français en 1747, puis en 1795.
2. *Une madame ou une mademoiselle Putiphar* : personnage biblique (voir dossier, p. 158).
3. *Maréchal Ney* (1769-1815) : maréchal de France, qui s'est illustré durant la période révolutionnaire et sous l'Empire. Il était surnommé le « Brave des braves ».
4. *Jean-f…* : abréviation de « Jean-foutre », expression injurieuse et populaire, utilisée pour désigner un individu sans valeur, sur lequel on ne peut pas compter.

sujet ! » ajouta-t-il, avec une mélancolie qui me frappa dans ce luron formidable que je croyais doublé de cuivre comme un brick[1] grec.

Et il releva la glace qu'il avait baissée, soit qu'il craignît que les sons de sa voix ne s'en allassent par là, et qu'on n'entendît, du dehors, ce qu'il allait raconter, quoiqu'il n'y eût personne autour de cette voiture, immobile et comme abandonnée ; soit que ce régulier coup de balai, qui allait et revenait, et qui raclait avec tant d'appesantissement le pavé de la grande cour de l'hôtel, lui semblât un accompagnement importun de son histoire ; et je l'écoutai, attentif à sa voix seule, aux moindres nuances de sa voix, puisque je ne pouvais voir son visage, dans ce noir compartiment fermé, et les yeux fixés plus que jamais sur cette fenêtre, au rideau cramoisi, qui brillait toujours de la même fascinante lumière, et dont il allait me parler :

« J'avais donc dix-sept ans, et je sortais de l'École militaire, reprit-il. Nommé sous-lieutenant dans un simple régiment d'infanterie de ligne[2], qui attendait, avec l'impatience qu'on avait dans ce temps-là, l'ordre de partir pour l'Allemagne, où l'Empereur faisait cette campagne que l'histoire a nommée la campagne de 1813[3], je n'avais pris que le temps d'embrasser mon vieux père au fond de sa province, avant de rejoindre dans la ville où nous voici, ce soir, le bataillon dont je faisais partie ; car cette mince ville, de quelques milliers d'habitants tout au plus, n'avait en garnison que nos deux premiers bataillons... Les deux autres avaient été répartis dans les bourgades voisines. Vous qui probablement n'avez fait que passer dans cette ville-ci, quand vous retournez dans votre Ouest, vous ne pouvez pas vous douter de ce qu'elle est – ou du moins de ce qu'elle était il y

---

1. *Brick* : voilier à deux mâts.
2. *Infanterie de ligne* : troupe de soldats combattant à pied et en ligne.
3. Allusion à la campagne d'Allemagne, qui s'acheva par la défaite de Leipzig, en octobre, et qui annonça le déclin de l'Empire.

a trente ans – pour qui est obligé comme je l'étais alors, d'y demeurer. C'était certainement la pire garnison où le hasard – que je crois le diable toujours, à ce moment-là ministre de la guerre – pût m'envoyer pour mon début. Tonnerre de Dieu ! quelle platitude ! Je ne me souviens pas d'avoir fait nulle part, depuis, de plus maussade et de plus ennuyeux séjour. Seulement, avec l'âge que j'avais, et avec la première ivresse de l'uniforme – une sensation que vous ne connaissez pas, mais que connaissent tous ceux qui l'ont porté –, je ne souffrais guère de ce qui, plus tard, m'aurait paru insupportable. Au fond, que me faisait cette morne ville de province ?... Je l'habitais, après tout, beaucoup moins que mon uniforme – un chef-d'œuvre de Thomassin et Pied[1], qui me ravissait ! Cet uniforme, dont j'étais fou, me voilait et m'embellissait toutes choses ; et c'était – cela va vous sembler fort, mais c'est la vérité ! – cet uniforme qui était, à la lettre, ma véritable garnison ! Quand je m'ennuyais par trop dans cette ville sans mouvement, sans intérêt et sans vie, je me mettais en grande tenue, toutes aiguillettes[2] dehors, et l'ennui fuyait devant mon hausse-col[3] ! J'étais comme ces femmes qui n'en font pas moins leur toilette quand elles sont seules et qu'elles n'attendent personne. Je m'habillais... pour moi. Je jouissais solitairement de mes épaulettes et de la dragonne[4] de mon sabre, brillant au soleil, dans quelque coin de Cours[5] désert où, vers quatre heures, j'avais l'habitude de me promener, sans chercher personne pour être heureux, et j'avais là des gonflements dans la poitrine, tout

---

1. *Thomassin et Pied* : il s'agit probablement de noms de couturiers spécialisés dans la confection d'uniformes.
2. *Aiguillettes* : ornements militaires faits de cordons tressés et qui s'attachent à l'épaule.
3. *Hausse-col* : petite plaque dorée portée par les officiers, en forme de croissant et servant à protéger la base du cou.
4. *Dragonne* : cordon, le plus souvent terminé par un gland, qui orne la poignée d'un sabre ou d'une épée.
5. *Cours* : avenue servant de lieu de rendez-vous et de promenade.

autant que, plus tard, au boulevard de Gand[1], lorsque j'entendais dire derrière moi, en donnant le bras à quelque femme : "Il faut convenir que voilà une fière tournure d'officier !" Il n'existait, d'ailleurs, dans cette petite ville très peu riche, et qui n'avait de commerce et d'activité d'aucune sorte, que d'anciennes familles à peu près ruinées, qui boudaient l'Empereur, parce qu'il n'avait pas, comme elles disaient, fait rendre gorge aux voleurs de la Révolution, et qui pour cette raison ne fêtaient guère ses officiers. Donc, ni réunions, ni bals, ni soirées, ni redoutes[2]. Tout au plus, le dimanche, un pauvre bout de Cours où, après la messe de midi, quand il faisait beau temps, les mères allaient promener et exhiber leurs filles jusqu'à deux heures, l'heure des vêpres[3], qui, dès qu'elle sonnait son premier coup, raflait toutes les jupes et vidait ce malheureux Cours. Cette messe de midi où nous n'allions jamais, du reste, je l'ai vue devenir, sous la Restauration, une messe militaire à laquelle l'état-major[4] des régiments était obligé d'assister, et c'était au moins un événement vivant dans ce néant de garnisons mortes ! Pour des gaillards qui étaient, comme nous, à l'âge de la vie où l'amour, la passion des femmes, tient une si grande place, cette messe militaire était une ressource. Excepté ceux d'entre nous qui faisaient partie du détachement de service sous les armes, tout le corps d'officiers s'éparpillait et se plaçait à l'église, comme il lui plaisait, dans la nef. Presque toujours nous nous campions derrière les plus jolies femmes qui venaient à cette messe, où elles étaient sûres d'être regardées, et nous leur donnions le plus de distractions possible en parlant, entre nous, à mi-voix, de manière à pouvoir être

---

1. ***Boulevard de Gand*** : ancien nom du boulevard des Italiens, à Paris. Lieu fréquenté par les royalistes, il prit ce nom en 1815 : pendant les Cent-Jours, Louis XVIII trouva refuge dans la ville de Gand (Belgique).
2. ***Redoutes*** : lieux où se donnent des bals et des fêtes.
3. ***Heure des vêpres*** : heure de l'office religieux dont le nom désigne le soir mais qui autrefois était dit dans l'après-midi.
4. ***État-major*** : ensemble des officiers attachés à un officier supérieur.

entendus d'elles, de ce qu'elles avaient de plus charmant dans le visage ou dans la tournure. Ah! la messe militaire! J'y ai vu commencer bien des romans. J'y ai vu fourrer dans les manchons[1] que les jeunes filles laissaient sur leurs chaises, quand elles s'agenouillaient près de leurs mères, bien des billets doux, dont elles nous rapportaient la réponse, dans les mêmes manchons, le dimanche suivant! Mais, sous l'Empereur, il n'y avait point de messe militaire. Aucun moyen par conséquent d'approcher des filles *comme il faut* de cette petite ville où elles n'étaient pour nous que des rêves cachés, plus ou moins, sous des voiles, de loin aperçus! Des dédommagements à cette perte sèche de la population la plus intéressante de la ville de ***, il n'y en avait pas... Les caravansérails[2] que vous savez, et dont on ne parle point en bonne compagnie, étaient des horreurs. Les cafés où l'on noie tant de nostalgies, en ces oisivetés terribles des garnisons, étaient tels, qu'il était impossible d'y mettre le pied, pour peu qu'on respectât ses épaulettes... Il n'y avait pas non plus, dans cette petite ville où le luxe s'est accru maintenant comme partout, un seul hôtel où nous puissions avoir une table passable d'officiers, sans être volés comme dans un bois, si bien que beaucoup d'entre nous avaient renoncé à la vie collective et s'étaient dispersés dans des pensions particulières, chez des bourgeois peu riches, qui leur louaient des appartements le plus cher possible, et ajoutaient ainsi quelque chose à la maigreur ordinaire de leurs tables et à la médiocrité de leurs revenus.

« J'étais de ceux-là. Un de mes camarades qui demeurait ici, à la *Poste aux chevaux*, où il avait une chambre – car la *Poste aux chevaux* était dans cette rue en ce temps-là, tenez! à quelques portes derrière nous, et peut-être, s'il faisait jour, verriez-vous

---

1. *Manchons* : pièce d'habillement, fourreau cylindrique, ouvert aux deux extrémités et qui sert à protéger les mains du froid.
2. *Caravansérails* : en Orient, vastes cours entourées de bâtiments où les caravanes faisaient halte. Ici, il s'agit de maisons closes.

encore sur la façade de cette *Poste aux chevaux* le vieux soleil d'or à moitié sorti de son fond de céruse[1], et qui faisait cadran avec son inscription : « AU SOLEIL LEVANT ! » –, un de mes camarades m'avait découvert un appartement dans son voisinage, à cette fenêtre qui est perchée si haut, et qui me fait l'effet, ce soir, d'être la mienne toujours, comme si c'était hier ! Je m'étais laissé loger par lui. Il était plus âgé que moi, depuis plus longtemps au régiment, et il aimait à piloter dans ces premiers moments et ces premiers détails de ma vie d'officier, mon inexpérience, qui était aussi de l'insouciance ! Je vous l'ai dit, excepté la sensation de l'uniforme sur laquelle j'appuie – parce que c'est encore là une sensation dont votre génération à congrès de la paix[2] et à pantalonnades philosophiques et humanitaires[3] n'aura bientôt plus la moindre idée – et l'espoir d'entendre ronfler le canon dans la première bataille où je devais perdre (passez-moi cette expression soldatesque !) mon pucelage militaire, tout m'était égal ! Je ne vivais que dans ces deux idées, dans la seconde surtout, parce qu'elle était une espérance, et qu'on vit plus dans la vie qu'on n'a pas que dans la vie qu'on a. Je m'aimais pour demain, comme l'avare, et je comprenais très bien les dévots qui s'arrangent sur cette terre comme on s'arrange dans un coupe-gorge où l'on n'a qu'à passer une nuit. Rien ne ressemble plus à un moine qu'un soldat, et j'étais soldat ! C'est ainsi que je m'arrangeais de ma garnison. Hors les heures des repas que je prenais avec les

---

1. *Céruse* : colorant blanc, utilisé en peinture.
2. *Congrès de la paix* : allusion aux différents congrès qui se déroulèrent entre 1818 (congrès d'Aix-la-Chapelle) et 1822 (congrès de Vérone), destinés à assurer la paix en Europe et à régler les différends restés en suspens après l'abdication de Napoléon Ier.
3. *Pantalonnades philosophiques et humanitaires* : allusion vraisemblable aux sociétés républicaines qui se développèrent dès les années 1830 ou aux partisans socialistes. Sous des formes différentes, ces groupes défendaient, entre autres, les droits de l'homme, le suffrage universel et la gratuité de l'enseignement primaire.

personnes qui me louaient mon appartement et dont je vous parlerai tout à l'heure, et celles du service et des manœuvres de chaque jour, je vivais la plus grande partie de mon temps chez moi, couché sur un grand diable de canapé de maroquin[1] bleu sombre, dont la fraîcheur me faisait l'effet d'un bain froid après l'exercice, et je ne m'en relevais que pour aller faire des armes et quelques parties d'impériale[2] chez mon ami d'en face : Louis de Meung[3], lequel était moins oisif que moi, car il avait ramassé parmi les grisettes[4] de la ville une assez jolie petite fille, qu'il avait prise pour maîtresse, et qui lui servait, disait-il, à tuer le temps... Mais ce que je connaissais de la femme ne me poussait pas beaucoup à imiter mon ami Louis. Ce que j'en savais, je l'avais vulgairement appris, là où les élèves de Saint-Cyr[5] l'apprennent les jours de sortie... Et puis, il y a des tempéraments qui s'éveillent tard... Est-ce que vous n'avez pas connu Saint-Rémy, le plus mauvais sujet de toute une ville, célèbre par ses mauvais sujets, que nous appelions le "Minotaure", non pas au point de vue des cornes, quoiqu'il en portât[6], puisqu'il avait tué l'amant de sa femme, mais au point de vue de la consommation ?...

– Oui, je l'ai connu, répondis-je, mais vieux, incorrigible, se débauchant de plus en plus à chaque année qui lui tombait sur

---

1. *Maroquin* : cuir de chèvre ou de mouton, tanné et souvent teint.
2. *Impériale* : ici, jeu de cartes consistant à réaliser des séries (as, roi, dame, valet) de même couleur.
3. Ce nom n'est pas sans rappeler Jean de Meung, auteur misogyne qui composa la seconde partie du *Roman de la Rose* (XIIIe siècle). Par cette allusion, Barbey d'Aurevilly souligne peut-être le caractère audacieux et l'attitude cynique de son personnage à l'égard des femmes.
4. *Grisettes* : jeunes filles de condition modeste, souvent ouvrières dans des ateliers de couture, et réputées pour leurs mœurs légères.
5. *Saint-Cyr* : ville des Yvelines, près de Versailles, célèbre pour son école militaire.
6. Dans la mythologie grecque, le Minotaure est un monstre au corps d'homme et à tête de taureau. Saint-Rémy, tel le Minotaure, possède des cornes parce que sa femme le trompe et qu'il est un personnage diabolique.

la tête. Pardieu ! si je l'ai connu, ce grand *rompu* de Saint-Rémy, comme on dit dans Brantôme[1] !

– C'était en effet un homme de Brantôme, reprit le vicomte. Eh bien ! Saint-Rémy, à vingt-sept ans sonnés, n'avait encore touché ni à un verre ni à une jupe. Il vous le dira, si vous voulez ! À vingt-sept ans, il était, en fait de femmes, aussi innocent que l'enfant qui vient de naître, et quoiqu'il ne tétât plus sa nourrice, il n'avait pourtant jamais bu que du lait et de l'eau.

– Il a joliment rattrapé le temps perdu ! fis-je.

– Oui, dit le vicomte, et moi aussi ! Mais j'ai eu moins de peine à le rattraper ! Ma première période de sagesse, à moi, ne dépassa guère le temps que je passai dans cette ville de *** ; et quoique je n'y eusse pas la virginité absolue dont parle Saint-Rémy, j'y vivais cependant, ma foi ! comme un vrai chevalier de Malte[2], que j'étais, attendu que je le suis *de berceau*... Saviez-vous cela ? J'aurais même succédé à un de mes oncles dans sa commanderie[3], sans la Révolution qui abolit l'Ordre[4], dont, tout aboli qu'il fût, je me suis quelquefois permis de porter le ruban. Une fatuité !

« Quant aux hôtes que je m'étais donnés, en louant leur appartement, continua le vicomte de Brassard, c'était bien tout ce que vous pouvez imaginer de plus bourgeois. Ils n'étaient que deux, le mari et la femme, tous deux âgés, n'ayant pas mauvais ton, au

---

1. *Brantôme* (1538-1614) : écrivain, auteur de *Mémoires*, contenant les *Vies des dames illustres*, les *Vies des hommes illustres et des grands capitaines*, et les *Vies des dames galantes*, qui constituent une galerie de portraits alertes et comportent de nombreuses anecdotes licencieuses.
2. *Chevalier de Malte* : membre de l'ordre religieux et militaire de Malte, établi de 1530 à 1798 dans l'île du même nom et issu de l'ordre des Hospitaliers de Saint-Jean-de-Jérusalem fondé en 1099. Il faisait vœu de chasteté, d'obéissance et de pauvreté et avait comme mission de protéger et de soigner.
3. *Commanderie* : bénéfice accordé à certains ordres militaires, comme l'ordre de Malte.
4. C'est en fait Bonaparte qui prit l'île de Malte en 1798 et l'ordre gagna définitivement Rome en 1834.

contraire. Dans leurs relations avec moi, ils avaient même cette politesse qu'on ne trouve plus, surtout dans leur classe, et qui est comme le parfum d'un temps évanoui. Je n'étais pas dans l'âge où l'on observe pour observer, et ils m'intéressaient trop peu pour que je pensasse à pénétrer dans le passé de ces deux vieilles gens à la vie desquels je me mêlais de la façon la plus superficielle deux heures par jour, le midi et le soir, pour dîner[1] et souper avec eux. Rien ne transpirait de ce passé dans leurs conversations devant moi, lesquelles conversations trottaient d'ordinaire sur les choses et les personnes de la ville, qu'elles m'apprenaient à connaître et dont ils parlaient, le mari avec une pointe de médisance gaie, et la femme, très pieuse, avec plus de réserve, mais certainement non moins de plaisir. Je crois cependant avoir entendu dire au mari qu'il avait voyagé dans sa jeunesse pour le compte de je ne sais qui et de je ne sais quoi, et qu'il était revenu tard épouser sa femme... qui l'avait attendu. C'étaient, au demeurant, de très braves gens, aux mœurs très douces, et de très calmes destinées. La femme passait sa vie à tricoter des bas à côtes pour son mari, et le mari, timbré[2] de musique, à racler sur son violon de l'ancienne musique de Viotti[3], dans une chambre à galetas[4] au-dessus de la mienne... Plus riches, peut-être l'avaient-ils été. Peut-être quelque perte de fortune qu'ils voulaient cacher les avait-elle forcés à prendre chez eux un pensionnaire ; mais autrement que par le pensionnaire, on ne s'en apercevait pas. Tout dans leur logis respirait l'aisance de ces maisons de l'ancien temps, abondantes en linge qui sent bon, en argenterie bien pesante, et dont les meubles semblent des immeubles, tant on se met peu en peine de les renouveler ! Je m'y trouvais bien. La table était bonne, et je jouissais largement de la

---

1. Dîner : ici, prendre le repas de midi.
2. Timbré : fou (familier).
3. Giovanni Battista Viotti (1755-1824) : compositeur italien considéré comme le plus grand violoniste classique et le chef de l'école moderne de violon.
4. Galetas : logement pratiqué sous les combles.

permission de la quitter dès que j'avais, comme disait la vieille Olive qui nous servait, "les barbes torchées", ce qui faisait bien de l'honneur de les appeler "des barbes" aux trois poils de chat de la moustache d'un gamin de sous-lieutenant, qui n'avait pas encore fini de grandir !

« J'étais donc là environ depuis un semestre, tout aussi tranquille que mes hôtes, auxquels je n'avais jamais entendu dire un seul mot ayant trait à l'existence de la personne que j'allais rencontrer chez eux, quand un jour, en descendant pour dîner à l'heure accoutumée, j'aperçus dans un coin de la salle à manger une grande personne qui, debout et sur la pointe des pieds, suspendait par les rubans son chapeau à une patère[1], comme une femme parfaitement chez elle et qui vient de rentrer. Cambrée à outrance, comme elle l'était, pour accrocher son chapeau à cette patère placée très haut, elle déployait la taille superbe d'une danseuse qui se renverse, et cette taille était prise (c'est le mot, tant elle était lacée !) dans le corselet[2] luisant d'un spencer[3] de soie verte à franges qui retombaient sur sa robe blanche, une de ces robes du temps d'alors, qui serraient aux hanches et qui n'avaient pas peur de les montrer, quand on en avait... Les bras encore en l'air, elle se retourna en m'entendant entrer, et elle imprima à sa nuque une torsion qui me fit voir son visage ; mais elle acheva son mouvement comme si je n'eusse pas été là, regarda si les rubans du chapeau n'avaient pas été froissés par elle en le suspendant, et cela accompli lentement, attentivement et presque impertinemment, car, après tout, j'étais là, debout, attendant, pour la saluer, qu'elle prît garde à moi, elle me fit enfin l'honneur de me regarder avec deux yeux noirs, très froids, auxquels ses cheveux, coupés à la Titus[4] et

---

1. Patère : pièce de bois ou de métal fixée au mur et qui sert à suspendre des vêtements.
2. Corselet : vêtement féminin qui serre la taille et se lace sur le corsage.
3. Spencer : veste courte de femme.
4. Coupés à la Titus : coiffés comme ceux de l'empereur romain Titus (v. 40-81), représenté avec les cheveux courts et de petites mèches aplaties sur le front.

ramassés en boucles sur le front, donnaient l'espèce de profondeur que cette coiffure donne au regard... Je ne savais qui ce pouvait être, à cette heure et à cette place. Il n'y avait jamais personne à dîner chez mes hôtes... Cependant elle venait probablement pour dîner. La table était mise, et il y avait quatre couverts... Mais mon étonnement de la voir là fut de beaucoup dépassé par l'étonnement de savoir qui elle était, quand je le sus... quand mes deux hôtes, entrant dans la salle, me la présentèrent comme leur fille qui sortait de pension et qui allait désormais vivre avec eux.

«Leur fille! Il était impossible d'être moins la fille de gens comme eux que cette fille-là! Non pas que les plus belles filles du monde ne puissent naître de toute espèce de gens. J'en ai connu... et vous aussi, n'est-ce pas? Physiologiquement [1], l'être le plus laid peut produire l'être le plus beau. Mais elle! entre elle et eux, il y avait l'abîme d'une race... D'ailleurs, physiologiquement, puisque je me permets ce grand mot pédant, qui est de votre temps, non du mien, on ne pouvait la remarquer que pour l'air qu'elle avait, et qui était singulier dans une jeune fille aussi jeune qu'elle, car c'était une espèce d'air impossible, très difficile à caractériser. Elle ne l'aurait pas eu qu'on aurait dit : "Voilà une belle fille!" et on n'y aurait pas plus pensé qu'à toutes les belles filles qu'on rencontre par hasard, et dont on dit cela, pour n'y plus penser jamais après. Mais cet air... qui la séparait, non pas seulement de ses parents, mais de tous les autres, dont elle semblait n'avoir ni les passions, ni les sentiments, vous clouait... de surprise, sur place... L'*Infante à l'épagneul* [2], de Vélasqucz, pourrait, si vous la connaissez, vous donner une idée de cet air-là, qui n'était ni fier, ni méprisant, ni dédaigneux, non! mais tout simplement impossible, car l'air fier, méprisant, dédaigneux, dit aux gens qu'ils existent, puisqu'on

---

1. *Physiologiquement* : d'un point de vue physiologique, c'est-à-dire en considérant le seul fonctionnement de l'organisme humain.
2. *L'Infante à l'épagneul* : il s'agit d'un des portraits que le peintre espagnol Vélasquez (1599-1660) a consacré à l'infante Marguerite, fille de Philippe IV d'Espagne.

prend la peine de les dédaigner ou de les mépriser, tandis que cet air-ci dit tranquillement : "Pour moi, vous n'existez même pas."
J'avoue que cette physionomie me fit faire, ce premier jour et bien d'autres, la question qui pour moi est encore aujourd'hui insoluble : comment cette grande fille-là était-elle sortie de ce gros bonhomme en redingote jaune vert et à gilet blanc, qui avait une figure couleur des confitures de sa femme, une loupe[1] sur la nuque, laquelle débordait sa cravate de mousseline brodée, et qui bredouillait ?... Et si le mari n'embarrassait pas, car le mari n'embarrasse jamais dans ces sortes de questions, la mère me paraissait tout aussi impossible à expliquer. Mlle Albertine (c'était le nom de cette archiduchesse d'altitude, tombée du ciel chez ces bourgeois comme si le ciel avait voulu se moquer d'eux), Mlle Albertine, que ses parents appelaient Alberte pour s'épargner la longueur du nom, mais ce qui allait parfaitement mieux à sa figure et à toute sa personne, ne semblait pas plus la fille de l'un que de l'autre... À ce premier dîner, comme à ceux qui suivirent, elle me parut une jeune fille bien élevée, sans affectation, habituellement silencieuse, qui, quand elle parlait, disait en bons termes ce qu'elle avait à dire, mais qui n'outrepassait jamais cette ligne-là... Au reste, elle aurait eu tout l'esprit que j'ignorais qu'elle eût, qu'elle n'aurait guère trouvé l'occasion de le montrer dans les dîners que nous faisions. La présence de leur fille avait nécessairement modifié les commérages des deux vieilles gens. Ils avaient supprimé les petits scandales de la ville. Littéralement, on ne parlait plus à cette table que de choses aussi intéressantes que la pluie et le beau temps. Aussi Mlle Albertine ou Alberte, qui m'avait tant frappé d'abord par son air impassible, n'ayant absolument que cela à m'offrir, me blasa bientôt sur cet air-là... Si je l'avais rencontrée dans le monde pour lequel j'étais fait, et que j'aurais dû voir, cette impassibilité m'aurait très certainement piqué au vif... Mais, pour moi, elle n'était pas une fille à qui je puisse faire la

---

1. *Loupe* : excroissance de la peau, comme une sorte de verrue.

cour… même des yeux. Ma position vis-à-vis d'elle, à moi en pension chez ses parents, était délicate, et un rien pouvait la fausser… Elle n'était pas assez près ou assez loin de moi dans la vie pour qu'elle pût m'être quelque chose… et j'eus bientôt répondu naturellement, et sans intention d'aucune sorte, par la plus complète indifférence, à son impassibilité.

« Et cela ne se démentit jamais, ni de son côté ni du mien. Il n'y eut entre nous que la politesse la plus froide, la plus sobre de paroles. Elle n'était pour moi qu'une image qu'à peine je voyais ; et moi, pour elle, qu'est-ce que j'étais ?… À table – nous ne nous rencontrions jamais que là –, elle regardait plus le bouchon de la carafe ou le sucrier que ma personne… Ce qu'elle y disait, très correct, toujours fort bien dit, mais insignifiant, ne me donnait aucune clé du caractère qu'elle pouvait avoir. Et puis, d'ailleurs, que m'importait ?… J'aurais passé toute ma vie sans songer seulement à regarder dans cette calme et insolente fille, à l'air si déplacé d'Infante… Pour cela, il fallait la circonstance que je m'en vais vous dire, et qui m'atteignit comme la foudre, comme la foudre qui tombe, sans qu'il ait tonné !

« Un soir, il y avait à peu près un mois que Mlle Alberte était revenue à la maison, et nous nous mettions à table pour souper. Je l'avais à côté de moi, et je faisais si peu d'attention à elle que je n'avais pas encore pris garde à ce détail de tous les jours qui aurait dû me frapper : qu'elle fût à table auprès de moi au lieu d'être entre sa mère et son père, quand, au moment où je dépliais ma serviette sur mes genoux… non, jamais je ne pourrai vous donner l'idée de cette sensation et de cet étonnement ! je sentis une main qui prenait hardiment la mienne par-dessous la table. Je crus rêver… ou plutôt je ne crus rien du tout… Je n'eus que l'incroyable sensation de cette main audacieuse, qui venait chercher la mienne jusque sous ma serviette ! Et ce fut inouï autant qu'inattendu ! Tout mon sang, allumé sous cette prise, se précipita de mon cœur dans cette main, comme soutiré par elle, puis remonta furieusement, comme chassé par une pompe, dans mon cœur ! Je vis bleu... mes oreilles tintèrent. Je dus devenir d'une pâleur affreuse. Je crus que j'allais m'évanouir... que j'allais me dissoudre dans l'indicible volupté causée par la chair tassée de cette main, un peu grande, et forte comme celle d'un jeune garçon, qui s'était fermée sur la mienne. Et comme, vous le savez, dans ce premier âge de la vie, la volupté a son épouvante, je fis un mouvement pour retirer ma main de cette folle main qui l'avait saisie, mais qui, me la serrant alors avec l'ascendant[1] du plaisir qu'elle avait conscience de me verser, la garda d'autorité, vaincue comme ma volonté, et dans l'enveloppement le plus chaud, délicieusement étouffée... Il y a trente-cinq ans de cela, et vous me ferez bien l'honneur de croire que ma main s'est un peu blasée sur l'étreinte de la main des femmes ; mais j'ai encore là, quand j'y pense, l'impression de celle-ci étreignant la mienne avec un despotisme si insensément passionné ! En proie aux mille frissonnements que cette enveloppante main dardait à mon corps tout entier, je craignais de trahir ce que j'éprouvais devant ce père et cette mère, dont la fille, sous leurs yeux, osait... Honteux pourtant d'être moins homme que cette fille hardie qui s'exposait à se perdre, et dont un incroyable sang-froid couvrait l'égarement, je mordis ma lèvre au sang dans un effort surhumain, pour arrêter le tremblement du désir, qui pouvait tout révéler à ces pauvres gens sans défiance, et c'est alors que mes yeux cherchèrent l'autre de ces deux mains que je n'avais jamais remarquées, et qui, dans ce périlleux moment, tournait froidement le bouton d'une lampe[2] qu'on venait de mettre sur la table, car le jour commençait de tomber... Je la regardai... C'était donc là la sœur de cette main que je sentais pénétrant la mienne, comme un foyer d'où rayonnaient et s'étendaient le long de mes veines d'immenses lames

---

1. *Ascendant* : emprise, pouvoir (ici lié à la conscience qu'a la jeune fille de troubler le narrateur).
2. *Le bouton d'une lampe* : il s'agit de la mollette qui permet de régler l'intensité de la flamme.

de feu ! Cette main, un peu épaisse, mais aux doigts longs et bien tournés, au bout desquels la lumière de la lampe, qui tombait d'aplomb sur elle, allumait des transparences roses, ne tremblait pas et faisait son petit travail d'arrangement de la lampe, pour la faire aller, avec une fermeté, une aisance et une gracieuse langueur de mouvement incomparables ! Cependant nous ne pouvions pas rester ainsi... Nous avions besoin de nos mains pour dîner... Celle de Mlle Alberte quitta donc la mienne ; mais au moment où elle la quitta, son pied, aussi expressif que sa main, s'appuya avec le même aplomb, la même passion, la même souveraineté, sur mon pied, et y resta tout le temps que dura ce dîner trop court, lequel me donna la sensation d'un de ces bains insupportablement brûlants d'abord, mais auxquels on s'accoutume, et dans lesquels on finit par se trouver si bien, qu'on croirait volontiers qu'un jour les damnés pourraient se trouver fraîchement et suavement dans les brasiers de leur enfer, comme les poissons dans leur eau !... Je vous laisse à penser si je dînai ce jour-là, et si je me mêlai beaucoup aux menus propos de mes honnêtes hôtes, qui ne se doutaient pas, dans leur placidité[1], du drame mystérieux et terrible qui se jouait alors sous la table. Ils ne s'aperçurent de rien ; mais ils pouvaient s'apercevoir de quelque chose, et positivement je m'inquiétais pour eux... pour eux, bien plus que pour moi et pour elle. J'avais l'honnêteté et la commisération[2] de mes dix-sept ans... Je me disais : "Est-elle effrontée ? Est-elle folle ?" Et je la regardais du coin de l'œil, cette folle qui ne perdit pas une seule fois, durant le dîner, son air de Princesse en cérémonie, et dont le visage resta aussi calme que si son pied n'avait pas dit et fait toutes les folies que peut dire et faire un pied, sur le mien ! J'avoue que j'étais encore plus surpris de son aplomb que de sa folie. J'avais beaucoup lu de ces livres légers où la femme n'est pas ménagée. J'avais reçu une éducation d'école

---

1. *Placidité* : tranquillité.
2. *Commisération* : sentiment de pitié, de compassion.

militaire. Utopiquement du moins, j'étais le Lovelace[1] de fatuité que sont plus ou moins tous les très jeunes gens qui se croient de jolis garçons, et qui ont pâturé des bottes de baisers derrière les portes et dans les escaliers, sur les lèvres des femmes de chambre de leurs mères. Mais ceci déconcertait mon petit aplomb de Lovelace de dix-sept ans. Ceci me paraissait plus fort que ce que j'avais lu, que tout ce que j'avais entendu dire sur le naturel dans le mensonge attribué aux femmes, sur la force de masque qu'elles peuvent mettre à leurs plus violentes ou leurs plus profondes émotions. Songez donc! elle avait dix-huit ans! Les avait-elle même?... Elle sortait d'une pension que je n'avais aucune raison pour suspecter, avec la moralité et la piété de la mère qui l'avait choisie pour son enfant. Cette absence de tout embarras, disons le mot, ce manque absolu de pudeur, cette domination aisée sur soi-même en faisant les choses les plus imprudentes, les plus dangereuses pour une jeune fille, chez laquelle pas un geste, pas un regard n'avait prévenu l'homme auquel elle se livrait par une si monstrueuse avance, tout cela me montait au cerveau et apparaissait nettement à mon esprit, malgré le bouleversement de mes sensations... Mais ni dans ce moment, ni plus tard, je ne m'arrêtai à philosopher là-dessus. Je ne me donnai pas d'horreur factice pour la conduite de cette fille d'une si effrayante précocité dans le mal. D'ailleurs, ce n'est pas à l'âge que j'avais, ni même beaucoup plus tard, qu'on croit dépravée la femme qui – au premier coup d'œil – se jette à vous! On est presque disposé à trouver cela tout simple, au contraire, et si on dit: "La pauvre femme!" c'est déjà beaucoup de modestie que cette pitié! Enfin, si j'étais timide, je ne voulais pas être un niais! La grande raison française pour faire sans remords tout ce qu'il y a de pis. Je savais, certes, à n'en pas douter, que ce que cette fille éprouvait pour moi n'était pas de l'amour. L'amour ne procède pas avec cette impudeur et

---

1. *Lovelace* : personnage du roman *Clarisse Harlowe*, de l'écrivain britannique Samuel Richardson (1689-1761), incarnant le séducteur cynique.

cette impudence[1], et je savais parfaitement aussi que ce qu'elle me faisait éprouver n'en était pas non plus. Mais, amour ou non… ce que c'était, je le voulais ! Quand je me levai de table, j'étais résolu… La main de cette Alberte, à laquelle je ne pensais pas une minute avant qu'elle eût saisi la mienne, m'avait laissé, jusqu'au fond de mon être, le désir de m'enlacer tout entier à elle tout entière, comme sa main s'était enlacée à ma main !

« Je montai chez moi comme un fou, et quand je me fus un peu froidi[2] par la réflexion, je me demandai ce que j'allais faire pour *nouer* bel et bien une *intrigue*, comme on dit en province, avec une fille si diaboliquement provocante. Je savais à peu près – comme un homme qui n'a pas cherché à le savoir mieux – qu'elle ne quittait jamais sa mère ; qu'elle travaillait habituellement près d'elle, à la même chiffonnière[3], dans l'embrasure de cette salle à manger, qui leur servait de salon ; qu'elle n'avait pas d'amie en ville qui vînt la voir, et qu'elle ne sortait guère que pour aller le dimanche à la messe et aux vêpres avec ses parents. Hein ? ce n'était pas encourageant, tout cela ! Je commençais à me repentir de n'avoir pas un peu plus vécu avec ces deux bonnes gens que j'avais traités sans hauteur, mais avec la politesse détachée et parfois distraite qu'on a pour ceux qui ne sont que d'un intérêt très secondaire dans la vie ; mais je me dis que je ne pouvais modifier mes relations avec eux, sans m'exposer à leur révéler ou à leur faire soupçonner ce que je voulais leur cacher… Je n'avais, pour parler secrètement à Mlle Alberte, que les rencontres sur l'escalier quand je montais à ma chambre ou que j'en descendais ; mais, sur l'escalier, on pouvait nous voir et nous entendre… La seule ressource à ma portée, dans cette maison si bien réglée et si étroite, où tout le monde se touchait du coude, était d'écrire ;

---

1. *Impudence* : culot, audace, hardiesse.
2. *Quand je me fus un peu froidi* : quand j'eus repris mes esprits.
3. *Chiffonnière* : petit meuble à tiroirs, dont se servaient les femmes pour leurs chiffons et leurs travaux d'aiguille.

et puisque la main de cette fille hardie savait si bien chercher la mienne par-dessous la table, cette main ne ferait sans doute pas beaucoup de cérémonies pour prendre le billet que je lui donnerais, et je l'écrivis. Ce fut le billet de la circonstance, le billet suppliant, impérieux et enivré, d'un homme qui a déjà bu une première gorgée de bonheur et qui en demande une seconde...
Seulement, pour le remettre, il fallait attendre le dîner du lendemain, et cela me parut long ; mais enfin il arriva, ce dîner ! L'attisante[1] main, dont je sentais le contact sur ma main depuis vingt-quatre heures, ne manqua pas de revenir chercher la mienne, comme la veille, par-dessous la table. Mlle Alberte sentit mon billet et le prit très bien, comme je l'avais prévu. Mais ce que je n'avais pas prévu, c'est qu'avec cet air d'Infante qui défiait tout par sa hauteur d'indifférence, elle le plongea dans le cœur de son corsage, où elle releva une dentelle repliée, d'un petit mouvement sec, et tout cela avec un naturel et une telle prestesse[2], que sa mère qui, les yeux baissés sur ce qu'elle faisait, servait le potage, ne s'aperçut de rien, et que son imbécile de père, qui *lurait* toujours quelque chose en pensant à son violon, quand il n'en jouait pas, n'y vit que du feu.

– Nous n'y voyons jamais que cela, capitaine ! interrompis-je gaîment, car son histoire me faisait l'effet de tourner un peu vite à une leste aventure de garnison ; mais je ne me doutais pas de ce qui allait suivre ! Tenez ! pas plus tard que quelques jours, il y avait à l'Opéra, dans une loge à côté de la mienne, une femme probablement dans le genre de votre demoiselle Alberte. Elle avait plus de dix-huit ans, par exemple ; mais je vous donne ma parole d'honneur que j'ai vu rarement de femme plus majestueuse de décence. Pendant qu'a duré toute la pièce, elle est restée assise et immobile comme sur une base de granit. Elle ne s'est retournée ni à droite, ni à gauche, une seule fois ; mais sans doute elle y voyait

---

1. *Attisante* : qui suscite un feu intérieur.
2. *Prestesse* : rapidité mêlée d'habileté.

par les épaules, qu'elle avait très nues et très belles, car il y avait aussi, et dans ma loge à moi, par conséquent derrière nous deux, un jeune homme qui paraissait aussi indifférent qu'elle à tout ce qui n'était pas l'opéra qu'on jouait en ce moment. Je puis certifier que ce jeune homme n'a pas fait une seule des simagrées ordinaires que les hommes font aux femmes dans les endroits publics, et qu'on peut appeler des déclarations à distance. Seulement quand la pièce a été finie et que, dans l'espèce de tumulte général des loges qui se vident, la dame s'est levée, droite, dans sa loge, pour agrafer son burnous[1], je l'ai entendue dire à son mari, de la voix la plus conjugalement impérieuse et la plus claire : "Henri, ramassez mon capuchon !" et alors, par-dessus le dos de Henri, qui s'est précipité la tête en bas, elle a étendu le bras et la main et pris un billet du jeune homme, aussi simplement qu'elle eût pris des mains de son mari son éventail ou son bouquet. Lui s'était relevé, le pauvre homme ! tenant le capuchon – un capuchon de satin ponceau[2], mais moins ponceau que son visage, et qu'il avait, au risque d'une apoplexie[3], repêché sous les petits bancs, comme il avait pu... Ma foi ! après avoir vu cela, je m'en suis allé, pensant qu'au lieu de le rendre à sa femme, il aurait pu tout aussi bien le garder pour lui, ce capuchon, afin de cacher sur sa tête ce qui, tout à coup, venait d'y pousser !

– Votre histoire est bonne, dit le vicomte de Brassard assez froidement ; dans un autre moment, peut-être en aurait-il joui davantage ; mais laissez-moi vous achever la mienne. J'avoue qu'avec une pareille fille, je ne fus pas inquiet deux minutes de la destinée de mon billet. Elle avait beau être pendue à la ceinture de sa mère, elle trouverait bien le moyen de me lire et de me répondre. Je comptais même, pour tout un avenir de conversation par écrit, sur cette petite poste de par-dessous la table que nous venions d'inaugurer, lorsque le lendemain, quand j'entrai dans la salle à

---

1. *Burnous* : grand manteau de laine à capuchon et sans manches.
2. *Ponceau* : rouge vif.
3. *Apoplexie* : perte de connaissance, malaise.

Le Rideau cramoisi | 69

manger avec la certitude, très caressée au fond de ma personne, d'avoir séance tenante une réponse très catégorique à mon billet de la veille, je crus avoir la berlue en voyant que le couvert avait été changé, et que Mlle Alberte était placée là où elle aurait dû toujours être, entre son père et sa mère... Et pourquoi ce changement?... Que s'était-il donc passé que je ne savais pas?... Le père ou la mère s'étaient-ils doutés de quelque chose? J'avais Mlle Alberte en face de moi, et je la regardais avec cette intention fixe qui veut être comprise. Il y avait vingt-cinq points d'interrogation dans mes yeux; mais les siens étaient aussi calmes, aussi muets, aussi indifférents qu'à l'ordinaire. Ils me regardaient comme s'ils ne me voyaient pas. Je n'ai jamais vu regards plus impatientants que ces longs regards tranquilles qui tombaient sur vous comme sur une chose. Je bouillais de curiosité, de contrariété, d'inquiétude, d'un tas de sentiments agités et déçus... et je ne comprenais pas comment cette femme, si sûre d'elle-même qu'on pouvait croire qu'au lieu de nerfs elle eût sous sa peau fine presque autant de muscles que moi, semblât ne pas oser me faire un signe d'intelligence qui m'avertît, qui me fît penser, qui me dît, si vite que ce pût être, que nous nous entendions, que nous étions connivents et complices dans le même mystère, que ce fût de l'amour, que ce ne fût pas même de l'amour!... C'était à se demander si vraiment c'était bien la femme de la main et du pied sous la table, du billet pris et glissé la veille, si naturellement, dans son corsage, devant ses parents, comme si elle y eût glissé une fleur! Elle en avait tant fait qu'elle ne devait pas être embarrassée de m'envoyer un regard. Mais non! Je n'eus rien. Le dîner passa tout entier sans ce regard que je guettais, que j'attendais, que je voulais allumer au mien, et qui ne s'alluma pas! "Elle aura trouvé quelque moyen de me répondre", me disais-je en sortant de table, et en remontant dans ma chambre, ne pensant pas qu'une telle personne pût reculer, après s'être si incroyablement avancée; n'admettant pas qu'elle pût rien craindre et rien ménager, quand il s'agissait de ses fantaisies, et parbleu ! franchement, ne pouvant pas croire qu'elle n'en eût au moins une pour moi !

« "Si ses parents n'ont pas de soupçon, me disais-je encore, si c'est le hasard qui a fait ce changement de couvert à table, demain je me retrouverai auprès d'elle..." Mais le lendemain, ni les autres jours, je ne fus placé auprès de Mlle Alberte, qui continua d'avoir la même incompréhensible physionomie et le même incroyable ton dégagé pour dire les riens et les choses communes qu'on avait l'habitude de dire à cette table de petits bourgeois. Vous devinez bien que je l'observais comme un homme intéressé à la chose. Elle avait l'air aussi peu contrarié que possible, quand je l'étais horriblement, moi ! quand je l'étais jusqu'à la colère – une colère à me fendre en deux et qu'il fallait cacher ! Et cet air, qu'elle ne perdait jamais, me mettait encore plus loin d'elle que ce tour de table interposé entre nous ! J'étais si violemment exaspéré, que je finissais par ne plus craindre de la compromettre en la regardant, en lui appuyant sur ses grands yeux impénétrables, et qui restaient glacés, la pesanteur menaçante et enflammée des miens ! Était-ce un manège que sa conduite ? Était-ce coquetterie ? N'était-ce qu'un caprice après un autre caprice... ou simplement stupidité ? J'ai connu, depuis, de ces femmes tout d'abord soulèvement de sens, puis après, tout stupidité ! "Si on savait le moment !" disait Ninon[1]. Le moment de Ninon était-il déjà passé ? Cependant, j'attendais toujours... quoi ? un mot, un signe, un rien risqué, à voix basse, en se levant de table dans le bruit des chaises qu'on dérange, et comme cela ne venait pas, je me jetais aux idées folles, à tout ce qu'il y avait au monde de plus absurde. Je me fourrai dans la tête qu'avec toutes les impossibilités dont nous étions entourés au logis, elle m'écrirait par la poste ; qu'elle serait assez fine, quand elle sortirait avec sa mère, pour glisser un billet dans la boîte aux lettres, et, sous l'empire de cette idée, je me

---

1. *Ninon* : il s'agit de Ninon de Lenclos, courtisane du XVIIe siècle (1616-1706), célèbre pour son esprit.

mangeais le sang régulièrement deux fois par jour, une heure avant que le facteur passât par la maison... Dans cette heure-là je disais dix fois à la vieille Olive, d'une voix étranglée : "Y a-t-il des lettres pour moi, Olive ?" laquelle me répondait imperturbablement toujours : "Non, Monsieur, il n'y en a pas."

« Ah ! l'agacement finit par être trop aigu ! Le désir trompé devint de la haine. Je me mis à haïr cette Alberte, et, par haine de désir trompé, à expliquer sa conduite avec moi par les motifs qui pouvaient le plus me la faire mépriser, car la haine a soif de mépris. Le mépris, c'est son nectar, à la haine ! "Coquine lâche, qui a peur d'une lettre !" me disais-je. Vous le voyez, j'en venais aux gros mots. Je l'insultais dans ma pensée, ne croyant pas en l'insultant la calomnier. Je m'efforçai même de ne plus penser à elle que je criblais des épithètes les plus militaires, quand j'en parlais à Louis de Meung, car je lui en parlais ! car l'outrance où elle m'avait jeté avait éteint en moi toute espèce de chevalerie, et j'avais raconté toute mon aventure à mon brave Louis, qui s'était tirebouchonné sa longue moustache blonde en m'écoutant, et qui m'avait dit, sans se gêner, car nous n'étions pas des moralistes dans le 27e : "Fais comme moi ! Un clou chasse l'autre. Prends pour maîtresse une petite *cousette*[1] de la ville, et ne pense plus à cette sacrée fille-là !"

« Mais je ne suivis point le conseil de Louis. Pour cela, j'étais trop piqué au jeu. Si elle avait su que je prenais une maîtresse, j'en aurais peut-être pris une pour lui fouetter le cœur ou la vanité par la jalousie. Mais elle ne le saurait pas. Comment pourrait-elle le savoir ?... En amenant, si je l'avais fait, une maîtresse chez moi, comme Louis, à son *hôtel de la Poste*, c'était rompre avec les bonnes gens chez qui j'habitais, et qui m'auraient immédiatement prié d'aller chercher un autre logement que le leur ; et je ne voulais pas renoncer, si je ne pouvais avoir que cela, à la possibilité de retrouver la main ou le pied de cette damnante Alberte

---

1. *Cousette* : jeune apprentie couturière, grisette (voir note 4, p. 57).

qui, après ce qu'elle avait osé, restait toujours la grande Mademoiselle Impassible. "Dis plutôt impossible!" disait Louis, qui se moquait de moi.

« Un mois tout entier se passa, et malgré mes résolutions de me montrer aussi oublieux qu'Alberte et aussi indifférent qu'elle, d'opposer marbre à marbre et froideur à froideur, je ne vécus plus que de la vie tendue de l'affût – de l'affût que je déteste, même à la chasse! Oui, Monsieur, ce ne fut plus qu'affût perpétuel dans mes journées! Affût quand je descendais à dîner, et que j'espérais la trouver seule dans la salle à manger comme la première fois! Affût au dîner, où mon regard ajustait de face ou de côté le sien qu'il rencontrait net et infernalement calme, et qui n'évitait pas plus le mien qu'il n'y répondait! Affût après le dîner, car je restais maintenant un peu après dîner voir ces dames reprendre leur ouvrage, dans leur embrasure de croisée, guettant si *elle* ne laisserait pas tomber quelque chose, son dé, ses ciseaux, un chiffon, que je pourrais ramasser, et en les lui rendant toucher sa main – cette main que j'avais maintenant à travers la cervelle! Affût chez moi, quand j'étais remonté dans ma chambre, y croyant toujours entendre le long du corridor ce pied qui avait piétiné sur le mien, avec une volonté si absolue. Affût jusque dans l'escalier, où je croyais pouvoir la rencontrer, et où la vieille Olive me surprit un jour, à ma grande confusion, en sentinelle! Affût à ma fenêtre – cette fenêtre que vous voyez –, où je me plantais quand elle devait sortir avec sa mère, et d'où je ne bougeais pas avant qu'elle fût rentrée, mais tout cela aussi vainement que le reste! Lorsqu'elle sortait, tortillée dans son châle de jeune fille – un châle à raies rouges et blanches: je n'ai rien oublié! semé de fleurs noires et jaunes sur les deux raies –, elle ne retournait pas son torse insolent une seule fois, et lorsqu'elle rentrait, toujours aux côtés de sa mère, elle ne levait ni la tête ni les yeux vers la fenêtre où je l'attendais! Tels étaient les misérables exercices auxquels elle m'avait condamné! Certes, je sais bien que les femmes nous font tous plus ou moins valeter[1], mais dans ces proportions-là !! Le vieux fat[2] qui devrait être mort en moi s'en révolte encore ! Ah ! je ne pensais plus au bonheur de mon uniforme ! Quand j'avais fait le service de la journée – après l'exercice ou la revue –, je rentrais vite, mais non plus pour lire des piles de mémoires ou de romans, mes seules lectures dans ce temps-là. Je n'allais plus chez Louis de Meung. Je ne touchais plus à mes fleurets[3]. Je n'avais pas la ressource du tabac qui engourdit l'activité quand elle vous dévore, et que vous avez, vous autres jeunes gens qui m'avez suivi dans la vie ! On ne fumait pas alors au 27e, si ce n'est entre soldats, au corps de garde, quand on jouait la partie de brisque[4] sur le tambour… Je restais donc oisif de corps, à me ronger… je ne sais si c'était le cœur, sur ce canapé qui ne me faisait plus le bon froid que j'aimais dans ces six pieds carrés[5] de chambre, où je m'agitais comme un lionceau dans sa cage, quand il sent la chair fraîche à côté.

« Et si c'était ainsi le jour, c'était aussi de même une grande partie de la nuit. Je me couchais tard. Je ne dormais plus. Elle me tenait éveillé, cette Alberte d'enfer, qui me l'avait allumé dans les veines, puis qui s'était éloignée comme l'incendiaire qui ne retourne pas même la tête pour voir son feu flamber derrière lui ! Je baissais, comme le voilà, ce soir – ici le vicomte passa son gant sur la glace de la voiture placée devant lui, pour essuyer la vapeur qui commençait d'y perler –, ce même rideau cramoisi, à cette même fenêtre, qui n'avait pas plus de persiennes qu'elle n'en a maintenant, afin que les voisins, plus curieux en province qu'ailleurs, ne dévisageassent pas le fond de ma chambre. C'était

---

1. *Nous font […] valeter* : nous font nous comporter comme des valets, c'est-à-dire de manière servile (familier).
2. *Fat* : fier, qui a une haute opinion de sa personne.
3. *Fleurets* : épées à lame carrée et flexible, qui sont utilisées à l'escrime.
4. *Brisque* : sorte de jeu de cartes, plus couramment appelé « mariage ».
5. *Six pieds carrés* : environ deux mètres carrés ; le pied est une ancienne unité de mesure de longueur valant 0,3248 mètre.

une chambre de ce temps-là – une chambre de l'Empire, parquetée en point de Hongrie[1], sans tapis, où le bronze plaquait partout le merisier[2], d'abord en tête de sphinx[3] aux quatre coins du lit, et en pattes de lion sous ses quatre pieds, puis, sur tous les tiroirs de la commode et du secrétaire, en camées[4] de faces de lion, avec des anneaux de cuivre pendant de leurs gueules verdâtres, et par lesquels on les tirait quand on voulait les ouvrir. Une table carrée, d'un merisier plus rosâtre que le reste de l'ameublement, à dessus de marbre gris, grillagée de cuivre, était en face du lit, contre le mur, entre la fenêtre et la porte d'un grand cabinet de toilette ; et, vis-à-vis de la cheminée, le grand canapé de maroquin bleu dont je vous ai déjà tant parlé... À tous les angles de cette chambre d'une grande élévation et d'un large espace, il y avait des encoignures en faux laque[5] de Chine, et sur l'une d'elles on voyait, mystérieux et blanc, dans le noir du coin, un vieux buste de Niobé[6] d'après l'antique, qui étonnait là, chez ces bourgeois vulgaires. Mais est-ce que cette incompréhensible Alberte

---

1. *Parquetée en point de Hongrie* : garnie d'un plancher par frises qu'on nomme aussi plancher à fougère ou à la capucine.
2. *Merisier* : cerisier sauvage, dont le bois est de couleur rougeâtre.
3. *Sphinx* : animal fabuleux, qui a un corps de lionne, des ailes d'aigle et un buste et une tête de femme. Il est réputé pour son impassibilité et son extrême cruauté. Dans la mythologie grecque, il sévit sur Thèbes et tue tous les jeunes gens incapables de répondre à l'énigme qu'il leur pose : « Quel est l'être qui se déplace à quatre pattes le matin, sur deux l'après-midi, sur trois le soir ? » Seul Œdipe parvient à donner la bonne réponse : l'« homme ». Comme de nombreux motifs antiques, le sphinx fut largement exploité dans le mobilier de style Empire.
4. *Camées* : pierres fines et sculptées en relief.
5. *Laque* : vernis, rouge ou noir, préparé avec le latex de certains arbres d'Extrême-Orient et utilisé pour la décoration.
6. *Niobé* : personnage de la mythologie grecque. Mère de sept filles et d'autant de garçons, elle insulta Léto, la mère d'Apollon et d'Artémis, en affirmant qu'elle la surpassait par sa nombreuse progéniture. Artémis et Apollon vengèrent leur mère en massacrant les enfants de Niobé. Zeus, touché par la douleur de cette mère meurtrie, la transforma en rocher, sur lequel coulaient des larmes.

n'étonnait pas bien plus ? Les murs lambrissés[1], et peints à l'huile, d'un blanc jaune, n'avaient ni tableaux, ni gravures. J'y avais seulement mis mes armes, couchées sur de longues pattes-fiches[2] en cuivre doré. Quand j'avais loué cette grande calebasse[3] d'appartement – comme disait élégamment le lieutenant Louis de Meung, qui ne poétisait pas les choses – j'avais fait placer au milieu une grande table ronde que je couvrais de cartes militaires, de livres et de papiers : c'était mon bureau. J'y écrivais quand j'avais à écrire... Eh bien ! un soir, ou plutôt une nuit, j'avais roulé le canapé auprès de cette grande table, et j'y dessinais à la lampe, non pas pour me distraire de l'unique pensée qui me submergeait depuis un mois, mais pour m'y plonger davantage, car c'était la tête de cette énigmatique Alberte que je dessinais, c'était le visage de cette diablesse de femme dont j'étais possédé, comme les dévots disent qu'on l'est du diable. Il était tard. La rue, où passaient chaque nuit deux diligences en sens inverse, comme aujourd'hui, l'une à minuit trois quarts et l'autre à deux heures et demie du matin, et qui toutes deux s'arrêtaient à l'*hôtel de la Poste* pour relayer, la rue était silencieuse comme le fond d'un puits. J'aurais entendu voler une mouche ; mais si, par hasard, il y en avait une dans ma chambre, elle devait dormir dans quelque coin de vitre ou dans un des plis cannelés de ce rideau, d'une forte étoffe de soie croisée, que j'avais ôté de sa patère et qui tombait devant la fenêtre, perpendiculaire et immobile. Le seul bruit qu'il y eût alors autour de moi, dans ce profond et complet silence, c'était moi qui le faisais avec mon crayon et mon estompe[4]. Oui,

---

1. *Lambrissés* : revêtus d'un enduit.
2. *Pattes-fiches* : morceaux de fer pointus à un bout et aplatis à l'autre qui servent à fixer un lambris.
3. *Calebasse* : originellement, récipient formé par le fruit du calebassier, vidé et séché. Le terme est ici employé de manière péjorative, il est synonyme d'« appartement de médiocre qualité ».
4. *Estompe* : petit rouleau de peau ou de papier terminé en pointe et servant à étendre le crayon, le fusain.

c'était elle que je dessinais, et Dieu sait avec quelle caresse de main et quelle préoccupation enflammée ! Tout à coup, sans aucun bruit de serrure qui m'aurait averti, ma porte s'entrouvrit en flûtant[1] ce son des portes dont les gonds sont secs, et resta à moitié entrebâillée, comme si elle avait eu peur du son qu'elle avait jeté ! Je relevai les yeux, croyant avoir mal fermé cette porte qui, d'elle-même, inopinément, s'ouvrait en filant ce son plaintif, capable de faire tressaillir dans la nuit ceux qui veillent et de réveiller ceux qui dorment. Je me levai de ma table pour aller la fermer ; mais la porte entrouverte s'ouvrit plus grande et très doucement toujours, mais en recommençant le son aigu qui traîna comme un gémissement dans la maison silencieuse, et je vis, quand elle se fut ouverte de toute sa grandeur, Alberte ! – Alberte qui, malgré les précautions d'une peur qui devait être immense, n'avait pu empêcher cette porte maudite de crier !

« Ah ! tonnerre de Dieu ! ils parlent de visions, ceux qui y croient ; mais la vision la plus surnaturelle ne m'aurait pas donné la surprise, l'espèce de coup au cœur que je ressentis et qui se répéta en palpitations insensées, quand je vis venir à moi, de cette porte ouverte, Alberte, effrayée au bruit que cette porte venait de faire en s'ouvrant, et qui allait recommencer encore, si elle la fermait ! Rappelez-vous toujours que je n'avais pas dix-huit ans ! Elle vit peut-être ma terreur à la sienne : elle réprima, par un geste énergique, le cri de surprise qui pouvait m'échapper – qui me serait certainement échappé sans ce geste – et elle referma la porte, non plus lentement, puisque cette lenteur l'avait fait crier, mais rapidement, pour éviter ce cri des gonds, qu'elle n'évita pas, et qui recommença plus net, plus franc, d'une seule venue et suraigu ; et, la porte fermée et l'oreille contre, elle écouta si un autre bruit, qui aurait été plus inquiétant et plus terrible, ne répondait pas à celui-là... Je crus la voir chanceler... Je m'élançai, et je l'eus bientôt dans les bras.

– Mais elle va bien, votre Alberte, dis-je au capitaine.

---

1. *En flûtant* : en produisant un son analogue à celui de la flûte.

– Vous croyez peut-être, reprit-il, comme s'il n'avait pas entendu ma moqueuse observation, qu'elle y tomba, dans mes bras, d'effroi, de passion, de tête perdue, comme une fille poursuivie ou qu'on peut poursuivre, qui ne sait plus ce qu'elle fait quand elle fait la dernière des folies, quand elle s'abandonne à ce démon que les femmes ont toutes – dit-on – quelque part, et qui serait le maître toujours, s'il n'y en avait pas deux autres aussi en elles, la Lâcheté et la Honte, pour contrarier celui-là ! Eh bien, non, ce n'était pas cela ! Si vous le croyiez, vous vous tromperiez... Elle n'avait rien de ces peurs vulgaires et osées... Ce fut bien plus elle qui me prit dans ses bras que je ne la pris dans les miens... Son premier mouvement avait été de se jeter le front contre ma poitrine, mais elle le releva et me regarda, les yeux tout grands – des yeux immenses ! – comme pour voir si c'était bien moi qu'elle tenait ainsi dans ses bras ! Elle était horriblement pâle, et comme je ne l'avais jamais vue pâle ; mais ses traits de Princesse n'avaient pas bougé. Ils avaient toujours l'immobilité et la fermeté d'une médaille. Seulement, sur sa bouche aux lèvres légèrement bombées errait je ne sais quel égarement, qui n'était pas celui de la passion heureuse ou qui va l'être tout à l'heure ! Et cet égarement avait quelque chose de si sombre dans un pareil moment, que, pour ne pas le voir, je plantai sur ces belles lèvres rouges et érectiles le robuste et foudroyant baiser du désir triomphant et roi ! La bouche s'entrouvrit... mais les yeux noirs, à la noirceur profonde, et dont les longues paupières touchaient presque alors mes paupières, ne se fermèrent point, ne palpitèrent même pas ; mais tout au fond, comme sur sa bouche, je vis passer de la démence ! Agrafée dans ce baiser de feu et comme enlevée par les lèvres qui pénétraient les siennes, aspirée par l'haleine qui la respirait, je la portai, toujours collée à moi, sur ce canapé de maroquin bleu, mon gril de saint Laurent[1], depuis un mois que je m'y roulais en pensant à elle, et dont le maroquin se mit voluptueusement à craquer sous son

---

1. *Gril de saint Laurent* : allusion au martyre de saint Laurent qui mourut brûlé vif sur un gril.

dos nu, car elle était à moitié nue. Elle sortait de son lit, et, pour venir, elle avait... le croirez-vous ? été obligée de traverser la chambre où son père et sa mère dormaient ! Elle l'avait traversée à tâtons, les mains en avant, pour ne pas se choquer à quelque meuble qui aurait retenti de son choc et qui eût pu les réveiller.

– Ah ! fis-je, on n'est pas plus brave à la tranchée. Elle était digne d'être la maîtresse d'un soldat !

– Et elle le fut dès cette première nuit-là, reprit le vicomte. Elle le fut aussi violente que moi, et je vous jure que je l'étais ! Mais c'est égal... voici la revanche ! Elle ni moi ne pûmes oublier, dans les plus vifs de nos transports, l'épouvantable situation qu'elle nous faisait à tous les deux. Au sein de ce bonheur qu'elle venait chercher et m'offrir, elle était alors comme stupéfiée de l'acte qu'elle accomplissait d'une volonté pourtant si ferme, avec un acharnement si obstiné. Je ne m'en étonnai pas. Je l'étais bien, moi, stupéfié ! J'avais bien, sans le lui dire et sans le lui montrer, la plus effroyable anxiété dans le cœur, pendant qu'elle me pressait à m'étouffer sur le sien. J'écoutais, à travers ses soupirs, à travers ses baisers, à travers le terrifiant silence qui pesait sur cette maison endormie et confiante, une chose horrible : c'est si sa mère ne s'éveillait pas, si son père ne se levait pas ! Et jusque par-dessus son épaule, je regardais derrière elle si cette porte, dont elle n'avait pas ôté la clé, par peur du bruit qu'elle pouvait faire, n'allait pas s'ouvrir de nouveau et me montrer, pâles et indignées, ces deux têtes de Méduse[1], ces deux vieillards, que nous trompions avec une lâcheté si hardie, surgir tout à coup dans la nuit, images de l'hospitalité violée et de la Justice ! Jusqu'à ces voluptueux craquements du maroquin bleu, qui m'avaient sonné la diane[2] de l'Amour, me faisaient tressaillir d'épouvante... Mon

---

1. *Méduse* : monstre mythologique à la chevelure de serpents et au regard pétrifiant, elle est l'une des Gorgones. La survenue des parents de la jeune fille aurait « pétrifié » les deux amants, mis un terme à leur ardeur.
2. *Diane* : batterie de tambour, sonnerie de clairon ou de trompette, qui se font à la levée du jour pour réveiller les soldats.

cœur battait contre le sien, qui semblait me répercuter ses battements... C'était enivrant et dégrisant tout à la fois, mais c'était terrible[1] ! Je me fis à tout cela plus tard. À force de renouveler impunément cette imprudence sans nom, je devins tranquille dans cette imprudence. À force de vivre dans ce danger d'être surpris, je me blasai. Je n'y pensai plus. Je ne pensai plus qu'à être heureux. Dès cette première nuit formidable, qui aurait dû l'épouvanter des autres, elle avait décidé qu'elle viendrait chez moi de deux nuits en deux nuits, puisque je ne pouvais aller chez elle – sa chambre de jeune fille n'ayant d'autre issue que dans l'appartement de ses parents –, et elle y vint régulièrement toutes les deux nuits ; mais jamais elle ne perdit la sensation, la stupeur de la première fois ! Le temps ne produisit pas sur elle l'effet qu'il produisit sur moi. Elle ne se bronza[2] pas au danger, affronté chaque nuit. Toujours elle restait, et jusque sur mon cœur, silencieuse, me parlant à peine avec la voix, car, d'ailleurs, vous vous doutez bien qu'elle était éloquente ; et lorsque plus tard le calme me prit, moi, à force de danger affronté et de réussite, et que je lui parlai, comme on parle à sa maîtresse, de ce qu'il y avait déjà de passé entre nous, de cette froideur inexplicable et démentie, puisque je la tenais dans mes bras, et qui avait succédé à ses premières audaces ; quand je lui adressai enfin tous ces pourquoi insatiables de l'amour, qui n'est peut-être au fond qu'une curiosité, elle ne me répondit jamais que par de longues étreintes. Sa bouche triste demeurait muette de tout... excepté de baisers ! Il y a des femmes qui vous disent : "Je me perds pour vous" ; il y en a d'autres qui vous disent : "Tu vas bien me mépriser" ; et ce sont là des manières différentes d'exprimer la fatalité de l'amour. Mais elle, non ! Elle ne disait mot... Chose étrange ! Plus étrange personne ! Elle me produisait l'effet d'un épais et dur couvercle de marbre qui brûlait, chauffé par en dessous... Je croyais qu'il arriverait un moment où le marbre se fendrait enfin sous la chaleur

---

1. *Terrible* : ici, terrifiant.
2. *Se bronza* : s'endurcit, devint insensible, dur comme du bronze.

brûlante, mais le marbre ne perdit jamais sa rigide densité. Les nuits qu'elle venait, elle n'avait ni plus d'abandon, ni plus de paroles, et, je me permettrai ce mot ecclésiastique, elle fut toujours aussi *difficile à confesser* que la première nuit qu'elle était venue. Je n'en tirai pas davantage... Tout au plus un monosyllabe arraché, d'obsession, à ces belles lèvres dont je raffolais d'autant plus que je les avais vues plus froides et plus indifférentes pendant la journée, et, encore, un monosyllabe qui ne faisait pas grande lumière sur la nature de cette fille, qui me paraissait plus sphinx, à elle seule, que tous les Sphinx dont l'image se multipliait autour de moi, dans cet appartement Empire.

– Mais, capitaine, interrompis-je encore, il y eut pourtant une fin à tout cela ? Vous êtes un homme fort, et tous les Sphinx sont des animaux fabuleux. Il n'y en a point dans la vie, et vous finîtes bien par trouver, que diable !, ce qu'elle avait dans son giron, cette commère-là !

– Une fin ! Oui, il y eut une fin, fit le vicomte de Brassard en baissant brusquement la vitre du coupé, comme si la respiration avait manqué à sa monumentale poitrine et qu'il eût besoin d'air pour achever ce qu'il avait à raconter. Mais le giron, comme vous dites, de cette singulière fille n'en fut pas plus ouvert pour cela. Notre amour, notre relation, notre intrigue – appelez cela comme vous voudrez –, nous donna, ou plutôt *me* donna, à *moi*, des sensations que je ne crois pas avoir éprouvées jamais depuis avec des femmes plus aimées que cette Alberte, qui ne m'aimait peut-être pas, que je n'aimais peut-être pas !! Je n'ai jamais bien compris ce que j'avais pour elle et ce qu'elle avait pour moi, et cela dura plus de six mois ! Pendant ces six mois, tout ce que je compris, ce fut un genre de bonheur dont on n'a pas l'idée dans la jeunesse. Je compris le bonheur de ceux qui se cachent. Je compris la jouissance du mystère dans la complicité, qui, même sans l'espérance de réussir, ferait encore des conspirateurs incorrigibles. Alberte, à la table de ses parents comme partout, était toujours la Madame Infante qui m'avait tant frappé le premier jour que je l'avais vue.

Son front néronien[1], sous ses cheveux bleus à force d'être noirs, qui bouclaient durement et touchaient ses sourcils, ne laissait rien passer de la nuit coupable, qui n'y étendait aucune rougeur. Et moi qui essayais d'être aussi impénétrable qu'elle, mais qui, j'en suis sûr, aurais dû me trahir dix fois si j'avais eu affaire à des observateurs, je me rassasiais orgueilleusement et presque sensuellement, dans le plus profond de mon être, de l'idée que toute cette superbe indifférence était bien à moi et qu'elle avait pour moi toutes les bassesses de la passion, si la passion pouvait jamais être basse ! Nul que nous sur la terre ne savait cela... et c'était délicieux, cette pensée ! Personne, pas même mon ami, Louis de Meung, avec lequel j'étais discret depuis que j'étais heureux ! Il avait tout deviné, sans doute, puisqu'il était aussi discret que moi. Il ne m'interrogeait pas. J'avais repris avec lui, sans effort, mes habitudes d'intimité, les promenades sur le Cours, en grande ou en petite tenue, l'impériale, l'escrime et le punch ! Pardieu ! quand on sait que le bonheur viendra, sous la forme d'une belle jeune fille qui a comme une *rage de dents* dans le cœur, vous visiter régulièrement d'une nuit l'autre, à la même heure, cela simplifie joliment les jours !

– Mais ils dormaient donc comme les Sept Dormants[2], les parents de cette Alberte ? fis-je railleusement, en coupant net les réflexions de l'ancien dandy par une plaisanterie, et pour ne pas paraître trop pris par son histoire, qui me prenait, car, avec les dandys, on n'a guère que la plaisanterie pour se faire un peu respecter.

– Vous croyez donc que je cherche des effets de conteur hors de la réalité ? dit le vicomte. Mais je ne suis pas romancier, moi ! Quelquefois Alberte ne venait pas. La porte, dont les gonds huilés

---

1. *Son front néronien* : son front rappelant celui de Néron (37-68), empereur cruel, que ses bustes représentent avec un front assez bas.
2. *Sept Dormants* : légende chrétienne, dans laquelle sept jeunes chrétiens d'Éphèse, pour échapper à l'empereur Décius (v. 200-251), se réfugient dans une caverne et s'y endorment. Ils ne se réveillent que trois cents ans plus tard, grâce à un miracle divin.

étaient moelleux comme de la ouate maintenant, ne s'ouvrait pas de toute une nuit, et c'est qu'alors sa mère l'avait entendue et s'était écriée, ou c'est que son père l'avait aperçue, filant ou tâtonnant à travers la chambre. Seulement Alberte, avec sa tête d'acier, trouvait à chaque fois un prétexte. Elle était souffrante... Elle cherchait le sucrier sans flambeau, de peur de réveiller personne...

– Ces têtes d'acier-là ne sont pas si rares que vous avez l'air de le croire, capitaine ! interrompis-je encore. J'étais contrariant. Votre Alberte, après tout, n'était pas plus forte que la jeune fille qui recevait toutes les nuits, dans la chambre de sa grand-mère, endormie derrière ses rideaux, un amant entré par la fenêtre, et qui, n'ayant pas de canapé de maroquin bleu, s'établissait, à la bonne franquette, sur le tapis... Vous savez comme moi l'histoire. Un soir, apparemment poussé par la jeune fille trop heureuse, un soupir plus fort que les autres réveilla la grand-mère, qui cria de dessous ses rideaux un : "Qu'as-tu donc, petite ?" à la faire évanouir contre le cœur de son amant ; mais elle n'en répondit pas moins de sa place : "C'est mon busc[1] qui me gêne, grand-maman, pour chercher mon aiguille tombée sur le tapis, et que je ne puis pas retrouver !"

– Oui, je connais l'histoire, reprit le vicomte de Brassard, que j'avais cru humilier, par une comparaison, dans la personne de son Alberte. C'était, si je m'en souviens bien, une de Guise que la jeune fille dont vous me parlez. Elle s'en tira comme une fille de son nom ; mais vous ne dites pas qu'à partir de cette nuit-là elle ne rouvrit plus la fenêtre à son amant, qui était, je crois, monsieur de Noirmoutier, tandis qu'Alberte revenait le lendemain de ses accrocs terribles, et s'exposait de plus belle au danger bravé, comme si de rien n'était. Alors, je n'étais, moi, qu'un sous-lieutenant assez médiocre en mathématiques, et qui m'en occupais fort peu ; mais il était évident, pour qui sait faire le moindre calcul des probabilités, qu'un jour... une nuit... il y aurait un dénouement.

---

1. *Busc* : partie en métal maintenant le devant d'un corset.

– Ah, oui ! fis-je, me rappelant ses paroles d'avant son histoire, le dénouement qui devait vous faire connaître la sensation de la peur, capitaine.

– Précisément, répondit-il d'un ton plus grave et qui tranchait sur le ton léger que j'affectais. Vous l'avez vu, n'est-ce pas ? depuis ma main prise sous la table jusqu'au moment où elle surgit la nuit, comme une apparition dans le cadre de ma porte ouverte, Alberte ne m'avait pas marchandé l'émotion. Elle m'avait fait passer dans l'âme plus d'un genre de frisson, plus d'un genre de terreur ; mais ce n'avait été encore que l'impression des balles qui sifflent autour de vous et des boulets dont on sent le vent ; on frissonne, mais on va toujours. Eh bien ! ce ne fut plus cela. Ce fut de la peur, de la peur complète, de la vraie peur, et non plus pour Alberte, mais pour moi, et pour moi tout seul ! Ce que j'éprouvai, ce fut positivement cette sensation qui doit rendre le cœur aussi pâle que la face ; ce fut cette panique qui fait prendre la fuite à des régiments tout entiers. Moi qui vous parle, j'ai vu fuir tout Chamboran[1], bride abattue et ventre à terre, l'héroïque Chamboran, emportant, dans son flot épouvanté, son colonel et ses officiers ! Mais à cette époque je n'avais encore rien vu, et j'appris... ce que je croyais impossible.

« Écoutez donc... C'était une nuit. Avec la vie que nous menions, ce ne pouvait être qu'une nuit... une longue nuit d'hiver. Je ne dirai pas une de nos plus tranquilles. Elles étaient toutes tranquilles, nos nuits. Elles l'étaient devenues à force d'être heureuses. Nous dormions sur ce canon chargé. Nous n'avions pas la moindre inquiétude en faisant l'amour sur cette lame de sabre posée en travers d'un abîme, comme le pont de l'enfer des Turcs[2] ! Alberte était venue plus tôt qu'à l'ordinaire,

---

1. *Chamboran* : régiment célèbre pour sa bravoure, qui tire son nom du colonel qui était à sa tête.
2. *Le pont de l'enfer des Turcs* : il s'agit du Poul-Sherro, lieu par lequel doivent passer les âmes et où se fait la séparation des bons et des méchants dans la mythologie persane.

pour être plus longtemps. Quand elle venait ainsi, ma première caresse, mon premier mouvement d'amour était pour ses pieds, ses pieds qui n'avaient plus alors ses brodequins verts ou hortensia, ces deux coquetteries et mes deux délices, et qui, nus pour ne pas faire de bruit, m'arrivaient transis de froid des briques sur lesquelles elle avait marché, le long du corridor qui menait de la chambre de ses parents à ma chambre, placée à l'autre bout de la maison. Je les réchauffais, ces pieds glacés pour moi, qui peut-être ramassaient, pour moi, en sortant d'un lit chaud, quelque horrible maladie de poitrine... Je savais le moyen de les tiédir et d'y mettre du rose ou du vermillon, à ces pieds pâles et froids ; mais cette nuit-là mon moyen manqua... Ma bouche fut impuissante à attirer sur ce cou-de-pied[1] cambré et charmant la plaque de sang que j'aimais souvent à y mettre, comme une rosette ponceau... Alberte, cette nuit-là, était plus silencieusement amoureuse que jamais. Ses étreintes avaient cette langueur et cette force qui étaient pour moi un langage, et un langage si expressif que, si je lui parlais toujours, moi, si je lui disais toutes mes démences et toutes mes ivresses, je ne lui demandais plus de me répondre et de me parler. À ses étreintes, je l'entendais. Tout à coup, je ne l'entendis plus. Ses bras cessèrent de me presser sur son cœur, et je crus à une de ces pâmoisons comme elle en avait souvent, quoique ordinairement elle gardât, en ses pâmoisons, la force crispée de l'étreinte... Nous ne sommes pas des bégueules[2] entre nous. Nous sommes deux hommes, et nous pouvons nous parler comme deux hommes... J'avais l'expérience des spasmes voluptueux d'Alberte, et quand ils la prenaient, ils n'interrompaient pas mes caresses. Je restais comme j'étais, sur son cœur, attendant qu'elle revînt à la vie consciente, dans l'orgueilleuse

---

1. *Cou-de-pied* : articulation de la jambe avec le pied, qui correspond à la partie antérieure et supérieure du pied, sur laquelle se noue ordinairement la chaussure.
2. *Bégueules* : prudes.

certitude qu'elle reprendrait ses sens sous les miens, et que la foudre qui l'avait frappée la ressusciterait en la refrappant... Mais mon expérience fut trompée. Je la regardai comme elle était, liée à moi, sur le canapé bleu, épiant le moment où ses yeux, disparus sous ses larges paupières, me remontreraient leurs beaux orbes de velours noir et de feu ; où ses dents, qui se serraient et grinçaient à briser leur émail au moindre baiser appliqué brusquement sur son cou et traîné longuement sur ses épaules, laisseraient, en s'entrouvrant, passer son souffle. Mais ni les yeux ne revinrent, ni les dents ne se desserrèrent... Le froid des pieds d'Alberte était monté jusque dans ses lèvres et sous les miennes... Quand je sentis cet horrible froid, je me dressai à mi-corps pour mieux la regarder ; je m'arrachai en sursaut de ses bras, dont l'un tomba sur elle et l'autre pendit à terre, du canapé sur lequel elle était couchée. Effaré, mais lucide encore, je lui mis la main sur le cœur... Il n'y avait rien ! rien au pouls, rien aux tempes, rien aux artères carotides [1], rien nulle part... que la mort qui était partout, et déjà avec son épouvantable rigidité !

« J'étais sûr de la mort... et je ne voulais pas y croire ! La tête humaine a de ces volontés stupides contre la clarté même de l'évidence et du destin. Alberte était morte. De quoi ?... Je ne savais. Je n'étais pas médecin. Mais elle était morte ; et quoique je visse avec la clarté du jour de midi que ce que je pourrais faire était inutile, je fis pourtant tout ce qui me semblait si désespérément inutile. Dans mon néant absolu de tout, de connaissances, d'instruments, de ressources, je lui vidais sur le front tous les flacons de ma toilette [2]. Je lui frappais résolument dans les mains, au risque d'éveiller le bruit, dans cette maison où le moindre bruit nous faisait trembler. J'avais ouï dire à un de mes oncles, chef d'escadron au 4e dragons, qu'il avait un jour sauvé un de ses amis d'une

---

1. *Artères carotides* : artères de la partie supérieure du cou (et de la tête).
2. *Toilette* : meuble sur lequel est placé tout ce qui est nécessaire à la toilette, à la parure.

apoplexie en le saignant vite avec une de ces *flammes*[1] dont on se sert pour saigner les chevaux. J'avais des armes plein ma chambre. Je pris un poignard, et j'en labourai le bras d'Alberte à la saignée. Je massacrai ce bras splendide d'où le sang ne coula même pas. Quelques gouttes s'y coagulèrent. Il était figé. Ni baisers, ni succions, ni morsures ne purent galvaniser[2] ce cadavre raidi, devenu cadavre sous mes lèvres. Ne sachant plus ce que je faisais, je finis par m'étendre dessus, le moyen qu'employent (disent les vieilles histoires) les Thaumaturges[3] ressusciteurs, n'espérant pas y réchauffer la vie, mais agissant comme si je l'espérais ! Et ce fut sur ce corps glacé qu'une idée, qui ne s'était pas dégagée du chaos dans lequel la bouleversante mort subite d'Alberte m'avait jeté, m'apparut nettement... et que j'eus peur !

« Oh ! mais une peur... une peur immense ! Alberte était morte chez moi, et sa mort disait tout. Qu'allais-je devenir ? Que fallait-il faire ?... À cette pensée, je sentis la main, la main physique de cette peur hideuse, dans mes cheveux qui devinrent des aiguilles ! Ma colonne vertébrale se fondit en une fange[4] glacée, et je voulus lutter – mais en vain – contre cette déshonorante sensation... Je me dis qu'il fallait avoir du sang-froid... que j'étais un homme après tout... que j'étais militaire. Je me mis la tête dans mes mains, et quand le cerveau me tournait dans le crâne, je m'efforçai de raisonner la situation horrible dans laquelle j'étais pris... et d'arrêter, pour les fixer et les examiner, toutes les idées qui me fouettaient le cerveau comme une toupie cruelle, et qui toutes allaient, à chaque tour, se heurter à ce cadavre qui était chez moi, à ce corps inanimé

---

1. *Flammes* : lancettes de vétérinaires (petits instruments à lame plate et acérée utilisés pour les incisions, les saignées).
2. *Galvaniser* : donner une vie factice et momentanée, animer d'une énergie soudaine.
3. *Thaumaturges* : faiseurs de miracles. Il s'agit peut-être d'un souvenir de la Bible, plus précisément du Livre des Rois (1, 17), au moment où Élie ressuscite le fils de la veuve.
4. *Fange* : boue presque liquide.

d'Alberte qui ne pouvait plus regagner sa chambre, et que sa mère devait retrouver le lendemain dans la *chambre de l'officier*, morte et déshonorée ! L'idée de cette mère, à laquelle j'avais peut-être tué sa fille en la déshonorant, me pesait plus sur le cœur que le cadavre même d'Alberte... On ne pouvait pas cacher la mort ; mais le déshonneur, prouvé par le cadavre chez moi, n'y avait-il pas moyen de le cacher ?... C'était la question que je me faisais, le point fixe que je regardais dans ma tête. Difficulté grandissant à mesure que je la regardais, et qui prenait les proportions d'une impossibilité absolue. Hallucination effroyable ! par moments le cadavre d'Alberte me semblait emplir toute ma chambre et ne pouvoir plus en sortir. Ah ! si la sienne n'avait pas été placée derrière l'appartement de ses parents, je l'aurais, à tout risque, reportée dans son lit ! Mais pouvais-je faire, moi, avec son corps mort dans mes bras, ce qu'elle faisait, elle, déjà si imprudemment, vivante, et m'aventurer ainsi à traverser une chambre que je ne connaissais pas, où je n'étais jamais entré, et où reposaient endormis du sommeil léger des vieillards le père et la mère de la malheureuse ?... Et cependant, l'état de ma tête était tel, la peur du lendemain et de ce cadavre chez moi me galopaient avec tant de furie, que ce fut cette idée, cette témérité, cette folie de reporter Alberte chez elle qui s'empara de moi comme l'unique moyen de sauver l'honneur de la pauvre fille et de m'épargner la honte des reproches du père et de la mère, de me tirer enfin de cette ignominie. Le croirez-vous ? J'ai peine à le croire moi-même, quand j'y pense ! J'eus la force de prendre le cadavre d'Alberte et, le soulevant par les bras, de le charger sur mes épaules. Horrible chape[1], plus lourde, allez ! que celle des damnés dans l'enfer du Dante ! Il faut l'avoir portée, comme moi, cette chape d'une chair qui me faisait bouillonner le sang de désir il n'y avait qu'une heure, et qui maintenant me transissait ! Il faut l'avoir portée pour bien savoir

---

1. *Chape* : le terme peut avoir le sens de manteau ou de cape, mais aussi celui d'objet recouvrant quelque chose.

ce que c'était ! J'ouvris ma porte ainsi chargé, et pieds nus comme elle, pour faire moins de bruit, je m'enfonçai dans le corridor qui conduisait à la chambre de ses parents, et dont la porte était au fond, m'arrêtant à chaque pas sur mes jambes défaillantes pour écouter le silence de la maison dans la nuit, que je n'entendais plus, à cause des battements de mon cœur ! Ce fut long. Rien ne bougeait... Un pas suivait un pas... Seulement, quand j'arrivai tout contre la terrible porte de la chambre de ses parents, qu'il me fallait franchir et qu'elle n'avait pas, en venant, entièrement fermée pour la retrouver entrouverte au retour, et que j'entendis les deux respirations longues et tranquilles de ces deux pauvres vieux qui dormaient dans toute la confiance de la vie, je n'osai plus ! Je n'osai plus passer ce seuil noir et béant dans les ténèbres... Je reculai ; je m'enfuis presque avec mon fardeau ! Je rentrai chez moi de plus en plus épouvanté. Je replaçai le corps d'Alberte sur le canapé, et je recommençai, accroupi sur les genoux auprès d'elle, les suppliantes questions : "Que faire ? que devenir ?..." Dans l'écroulement qui se faisait en moi, l'idée insensée et atroce de jeter le corps de cette belle fille, ma maîtresse de six mois ! par la fenêtre, me sillonna l'esprit. Méprisez-moi ! J'ouvris la fenêtre... j'écartai le rideau que vous voyez là... et je regardai dans le trou d'ombre au fond duquel était la rue, car il faisait très sombre cette nuit-là. On ne voyait point le pavé. "On croira à un suicide", pensai-je, et je repris Alberte, et je la soulevai... Mais voilà qu'un éclair de bon sens croisa la folie ! "D'où se sera-t-elle tuée ? D'où sera-t-elle tombée si on la trouve sous ma fenêtre demain ?..." me demandai-je. L'impossibilité de ce que je voulais faire me souffleta ! J'allai refermer la fenêtre, qui grinça dans son espagnolette[1]. Je retirai le rideau de la fenêtre, plus mort que vif de tous les bruits que je faisais. D'ailleurs, par la fenêtre, sur l'escalier, dans le corridor, partout où je pouvais laisser ou jeter le cadavre, éternellement accusateur, la profanation était inutile. L'examen du cadavre

---

1. *Espagnolette* : ferrure servant à fermer une fenêtre.

révélerait tout, et l'œil d'une mère, si cruellement avertie, verrait tout ce que le médecin ou le juge voudrait lui cacher... Ce que j'éprouvais était insupportable, et l'idée d'en finir d'un coup de pistolet, en l'état lâche de mon âme *démoralisée* (un mot de l'Empereur que plus tard j'ai compris!), me traversa en regardant luire mes armes contre le mur de ma chambre. Mais que voulez-vous?... Je serai franc: j'avais dix-sept ans, et j'aimais... mon épée. C'est par goût et sentiment de race que j'étais soldat. Je n'avais jamais vu le feu, et je voulais le voir. J'avais l'ambition militaire. Au régiment nous plaisantions de Werther[1], un héros du temps, qui nous faisait pitié, à nous autres officiers! La pensée qui m'empêcha de me soustraire, en me tuant, à l'ignoble peur qui me tenait toujours, me conduisit à une autre qui me parut le salut même dans l'impasse où je me tordais! "Si j'allais trouver le colonel? me dis-je. Le colonel, c'est la paternité militaire" – et je m'habillai comme on s'habille quand bat la générale[2], dans une surprise... Je pris mes pistolets par une précaution de soldat. Qui savait ce qui pourrait arriver?... J'embrassai une dernière fois, avec le sentiment qu'on a à dix-sept ans – et on est toujours sentimental à dix-sept ans –, la bouche muette, et qui l'avait été toujours, de cette belle Alberte trépassée, et qui me comblait depuis six mois de ses plus enivrantes faveurs... Je descendis sur la pointe des pieds l'escalier de cette maison où je laissais la mort... Haletant comme un homme qui se sauve, je mis une heure (il me sembla que j'y mettais une heure!) à déverrouiller la porte de la rue et à tourner la grosse clé dans son énorme serrure, et après l'avoir refermée avec les précautions d'un voleur, je m'encourus, comme un fuyard, chez mon colonel.

«J'y sonnai comme au feu. J'y retentis comme une trompette, comme si l'ennemi avait été en train d'enlever le drapeau du

---

1. Werther : personnage du roman de Goethe (1749-1832), *Les Souffrances du jeune Werther* (1774), qui se caractérise par une très grande sensibilité et un amour de l'absolu qui le conduisent au suicide.

2. Générale : batterie militaire appelant au rassemblement.

régiment ! Je renversai tout, jusqu'à l'ordonnance[1] qui voulut s'opposer à ce que j'entrasse à pareille heure dans la chambre de son maître, et une fois le colonel réveillé par la tempête du bruit que je faisais, je lui dis tout. Je me confessai d'un trait et à fond, rapidement et crânement, car les moments pressaient, le suppliant de me sauver…

« C'était un homme que le colonel ! Il vit d'un coup d'œil l'horrible gouffre dans lequel je me débattais… Il eut pitié du plus jeune de *ses enfants*, comme il m'appela, et je crois que j'étais alors assez dans un état à faire pitié ! Il me dit, avec le juron le plus français, qu'il fallait commencer par décamper immédiatement de la ville, et qu'il se chargerait de tout… qu'il verrait les parents dès que je serais parti, mais qu'il fallait partir, prendre la diligence qui allait relayer dans dix minutes à l'*hôtel de la Poste*, gagner une ville qu'il me désigna et où il m'écrirait… Il me donna de l'argent, car j'avais oublié d'en prendre, m'appliqua cordialement sur les joues ses vieilles moustaches grises, et dix minutes après cette entrevue, je grimpais (il n'y avait plus que cette place) sur l'impériale de la diligence, qui faisait le même service que celle où nous sommes actuellement, et je passais au galop sous la fenêtre (je vous demande quels regards j'y jetai) de la funèbre chambre où j'avais laissé Alberte morte, et qui était éclairée comme elle l'est ce soir. »

Le vicomte de Brassard s'arrêta, sa forte voix un peu brisée. Je ne songeais plus à plaisanter. Le silence ne fut pas long entre nous.

« Et après ? lui dis-je.

– Eh bien ! voilà, répondit-il, il n'y a pas d'après ! C'est cela qui a bien longtemps tourmenté ma curiosité exaspérée. Je suivis aveuglément les instructions du colonel. J'attendis avec impatience une lettre qui m'apprendrait ce qu'il avait fait et ce qui était arrivé après mon départ. J'attendis environ un mois ; mais, au bout de ce mois, ce ne fut pas une lettre que je reçus du

---

[1]. ***Ordonnance*** : soldat attaché à un officier.

colonel, qui n'écrivait guère qu'avec son sabre sur la figure de l'ennemi ; ce fut l'ordre d'un changement de corps. Il m'était ordonné de rejoindre le 35ᵉ, qui allait entrer en campagne, et il fallait que sous vingt-quatre heures je fusse arrivé au nouveau corps auquel j'appartenais. Les immenses distractions d'une campagne, et de la première ! les batailles auxquelles j'assistai, les fatigues et aussi les aventures de femmes que je mis par-dessus celle-ci, me firent négliger d'écrire au colonel, et me détournèrent du souvenir cruel de l'histoire d'Alberte, sans pouvoir pourtant l'effacer. Je l'ai gardé comme une balle qu'on ne peut extraire... Je me disais qu'un jour ou l'autre je rencontrerais le colonel, qui me mettrait enfin au courant de ce que je désirais savoir, mais le colonel se fit tuer à la tête de son régiment à Leipsick[1]... Louis de Meung s'était aussi fait tuer un mois auparavant... C'est assez méprisable, cela, ajouta le capitaine, mais tout s'assoupit dans l'âme la plus robuste, et peut-être parce qu'elle est la plus robuste... La curiosité dévorante de savoir ce qui s'était passé après mon départ finit par me laisser tranquille. J'aurais pu depuis bien des années, et changé comme j'étais, revenir sans être reconnu dans cette petite ville-ci et m'informer du moins de ce qu'on savait, de ce qui y avait filtré de ma tragique aventure. Mais quelque chose qui n'est pas, certes, le respect de l'opinion, dont je me suis moqué toute ma vie, quelque chose qui ressemblait à cette peur que je ne voulais pas sentir une seconde fois, m'en a toujours empêché. »

Il se tut encore, ce dandy qui m'avait raconté, sans le moindre dandysme, une histoire d'une si triste réalité. Je rêvais sous l'impression de cette histoire, et je comprenais que ce brillant vicomte de Brassard, la fleur non *des pois*[2], mais des plus fiers

---

1. *Leipsick* (ou *Leipzig*) : voir chronologie, p. 22.
2. « Fleur des pois » est une expression qui désigne un homme à la mode, élégant. Le jeu de mots porte ici sur le vocable « pois », auquel Barbey d'Aurevilly préfère celui de « pavots ».

pavots rouges du dandysme, le buveur grandiose de *claret*[1], à la manière anglaise, fût comme un autre, un homme plus profond qu'il ne paraissait. Le mot me revenait qu'il m'avait dit, en commençant, sur la *tache noire* qui, pendant toute sa vie, avait meurtri ses plaisirs de mauvais sujet... quand tout à coup, pour m'étonner davantage encore, il me saisit le bras brusquement :

« Tenez ! me dit-il, voyez au rideau ! »

L'ombre svelte d'une taille de femme venait d'y passer en s'y dessinant !

« L'ombre d'Alberte ! fit le capitaine. Le hasard est par trop moqueur ce soir », ajouta-t-il avec amertume.

Le rideau avait déjà repris son carré vide, rouge et lumineux. Mais le charron, qui, pendant que le vicomte parlait, avait travaillé à son écrou, venait de terminer sa besogne. Les chevaux de relais étaient prêts et piaffaient[2], se sabotant[3] de feu[4]. Le conducteur de la voiture, bonnet d'astracan[5] aux oreilles, registre aux dents, prit les longes et s'enleva, et une fois hissé sur sa banquette d'impériale, cria, de sa voix claire, le mot du commandement, dans la nuit :

« Roulez ! »

Et nous roulâmes, et nous eûmes bientôt dépassé la mystérieuse fenêtre, que je vois toujours dans mes rêves, avec son rideau cramoisi.

---

1. *Claret* : nom que les Anglais donnent à toute sorte de vins rouges, surtout aux vins de Bordeaux.
2. *Piaffaient* : frappaient le sol de leurs sabots en levant et en abaissant alternativement leurs pattes avant.
3. *Se sabotant* : faisant du bruit avec leurs sabots.
4. *De feu* : avec fougue, avec vigueur.
5. *Astracan* (ou *astrakan*) : fourrure à poils bouclés d'agneau tué très jeune.

■ Illustration de Félicien Rops pour *Les Diaboliques* (1866).

Le Bonheur dans le crime

> Dans ce temps délicieux, quand on raconte une histoire vraie, c'est à croire que le Diable a dicté...[1].

J'étais un des matins de l'automne dernier à me promener au Jardin des Plantes, en compagnie du docteur Torty[2], certainement une de mes plus vieilles connaissances. Lorsque je n'étais qu'un enfant, le docteur Torty exerçait la médecine dans la ville de V... ; mais, après environ trente ans de cet agréable exercice, et ses malades étant morts – ses *fermiers* comme il les appelait, lesquels lui avaient rapporté plus que bien des fermiers ne rapportent à leurs maîtres, sur les meilleures terres de Normandie –, il n'en avait pas repris d'autres ; et déjà sur l'âge et fou d'indépendance, comme un animal qui a toujours marché sur son bridon[3] et qui finit par le casser, il était venu s'engloutir dans Paris – là même, dans le voisinage du Jardin des Plantes, rue Cuvier, je crois –, ne faisant plus la médecine que pour son plaisir personnel, qui, d'ailleurs, était grand à en faire, car il était médecin dans le sang et jusqu'aux ongles, et fort médecin, et grand observateur, en plus, de bien d'autres cas que de cas simplement physiologiques et pathologiques...

---

1. Barbey reprend ici une phrase centrale de sa préface de 1874 (voir dossier, p. 156).
2. *Docteur Torty* : voir présentation, p. 15.
3. *Bridon* : bride très simple, dont on se sert pour les chevaux de trait.

L'avez-vous quelquefois rencontré, le docteur Torty ? C'était un de ces esprits hardis et vigoureux qui ne chaussent point de mitaines[1], par la très bonne et proverbiale raison que : « chat ganté ne prend pas de souris », et qu'il en avait immensément pris, et qu'il en voulait toujours prendre, ce matois[2] de fine et forte race ; espèce d'homme qui me plaisait beaucoup à moi, et je crois bien (je me connais !) par les côtés surtout qui déplaisaient le plus aux autres. En effet, il déplaisait assez généralement quand on se portait bien, ce brusque original de docteur Torty ; mais ceux à qui il déplaisait le plus, une fois malades, lui faisaient des salamalecs[3], comme les sauvages en faisaient au fusil de Robinson qui pouvait les tuer, non pour les mêmes raisons que les sauvages, mais spécialement pour les raisons contraires : il pouvait les sauver ! Sans cette considération prépondérante, le docteur n'aurait jamais gagné vingt mille livres de rente dans une petite ville aristocratique, dévote et bégueule, qui l'aurait parfaitement mis à la porte cochère de ses hôtels, si elle n'avait écouté que ses opinions et ses antipathies. Il s'en rendait compte, du reste, avec beaucoup de sang-froid, et il en plaisantait. « Il fallait, disait-il railleusement pendant le bail de trente ans qu'il avait fait à V…, qu'ils choisissent entre moi et l'extrême-onction[4], et, tout dévots qu'ils étaient, ils me prenaient encore de préférence aux Saintes Huiles[5]. » Comme vous voyez, il ne se gênait pas, le docteur. Il avait la plaisanterie légèrement sacrilège. Franc disciple de Cabanis[6] en philosophie médicale, il était, comme son vieux

---

1. *Mitaines* : sortes de grosses moufles.
2. *Matois* : personne rusée et hardie (familier).
3. *Salamalecs* : révérences, politesses exagérées.
4. *Extrême-onction* : sacrement que le prêtre administre aux malades au moment où ils sont sur le point de mourir.
5. *Saintes Huiles* : huiles servant pour l'extrême-onction.
6. *Cabanis* (1757-1808) : médecin et philosophe français, disciple de Condillac et adepte du matérialisme. Son œuvre la plus célèbre est un traité : *Rapports du physique et du moral de l'homme* paru en 1802.

camarade Chaussier[1], de l'école de ces médecins terribles par un matérialisme[2] absolu, et comme Dubois[3] – le premier des Dubois – par un cynisme qui descend toutes choses et tutoierait des duchesses et des dames d'honneur d'impératrice et les appellerait « mes petites mères », ni plus ni moins que des marchandes de poisson. Pour vous donner une simple idée du cynisme du docteur Torty, c'est lui qui me disait un soir, au cercle des Ganaches[4], en embrassant somptueusement d'un regard de propriétaire le quadrilatère éblouissant de la table ornée de cent vingt convives : « C'est moi qui les fais tous ! » Moïse n'eût pas été plus fier, en montrant la baguette avec laquelle il changeait des rochers en fontaines[5]. Que voulez-vous, Madame ? Il n'avait pas la bosse du respect, et même il prétendait que là où elle est sur le crâne des autres hommes, il y avait un trou sur le sien. Vieux, ayant passé la soixante-dizaine, mais carré, robuste et noueux comme son nom, d'un visage sardonique[6] et, sous sa perruque châtain clair, très lisse, très lustrée et à cheveux très courts, d'un œil pénétrant, vierge de lunettes, vêtu presque toujours en habit gris ou de ce brun qu'on appela longtemps *fumée de Moscou*, il ne ressemblait ni de tenue ni d'allure à messieurs les médecins de Paris, corrects, cravatés de blanc, comme du suaire[7] de leurs morts ! C'était un

---

1. *Chaussier* (1746-1828) : célèbre professeur d'anatomie et de physiologie.
2. *Matérialisme* : attitude philosophique, à prétention scientifique, qui consiste à expliquer tous les phénomènes, y compris dans le domaine moral et psychologique, par la notion de matière.
3. *Dubois* (1756-1837) : célèbre médecin accoucheur, qui fut sollicité par l'impératrice Marie-Louise (1791-1847) au moment de la naissance du futur roi de Rome.
4. *Cercle des Ganaches* : désigne un lieu de réunion.
5. Allusion à un épisode de l'Ancien Testament (Exode, 17, 3-6). Dieu accorda à Moïse qui se trouvait avec son peuple assoiffé dans le désert la possibilité de frapper un rocher avec un bâton pour en faire jaillir de l'eau.
6. *Sardonique* : d'une ironie méchante. Le terme est traditionnellement associé au mot « rire ».
7. *Suaire* : linceul, pièce de toile dans laquelle on ensevelit les morts.

autre homme. Il avait, avec ses gants de daim, ses bottes à forte
semelle et à gros talons qu'il faisait retentir sous son pas très
ferme, quelque chose d'alerte et de cavalier, et cavalier est bien le
mot, car il était resté (combien d'années sur trente !), le *charivari*[1]
boutonné sur la cuisse, et à cheval, dans des chemins à casser en
deux des Centaures[2], et on devinait bien tout cela à la manière
dont il cambrait encore son large buste, vissé sur des reins qui
n'avaient pas bougé, et qui se balançait sur de fortes jambes sans
rhumatismes, arquées comme celles d'un ancien postillon. Le docteur Torty avait été une espèce de Bas-de-Cuir[3] équestre, qui avait
vécu dans les fondrières[4] du Cotentin, comme le Bas-de-Cuir de
Cooper dans les forêts de l'Amérique. Naturaliste qui se moquait,
comme le héros de Cooper, des lois sociales, mais qui, comme
l'homme de Fenimore, ne les avait pas remplacées par l'idée de
Dieu, il était devenu un de ces impitoyables observateurs qui ne
peuvent pas ne point être des misanthropes. C'est fatal. Aussi
l'était-il. Seulement il avait eu le temps, pendant qu'il faisait boire
la boue des mauvais chemins au ventre sanglé de son cheval, de se
blaser sur les autres fanges de la vie. Ce n'était nullement un
misanthrope à l'Alceste[5]. Il ne s'indignait pas vertueusement. Il
ne s'encolérait pas. Non ! il méprisait l'homme aussi tranquillement qu'il prenait sa prise de tabac, et même il avait autant de
plaisir à le mépriser qu'à la prendre.

---

1. *Charivari* : pantalon garni de cuir et de boutons, utilisé pour monter à cheval.
2. *Centaures* : dans la mythologie grecque, êtres moitié hommes et moitié chevaux.
3. *Bas-de-Cuir* : surnom de Natty Bumppo, personnage du romancier américain James Fenimore Cooper (1789-1851), apparaissant, entre autres, dans *Le Dernier des Mohicans*. Blanc élevé chez les bons Indiens Delaware, il favorise l'implantation des colons, tout en appréciant la solitude des contrées sauvages.
4. *Fondrières* : affaissements dans le sol, où les eaux bourbeuses s'amassent.
5. *Alceste* : allusion au personnage principal du *Misanthrope* (1666) de Molière (1622-1673).

Tel exactement il était, ce docteur Torty, avec lequel je me promenais.

Il faisait, ce jour-là, un de ces temps d'automne, gais et clairs, à arrêter les hirondelles qui vont partir. Midi sonnait à Notre-Dame, et son grave bourdon[1] semblait verser, par-dessus la rivière verte et moirée aux piles[2] des ponts, et jusque par-dessus nos têtes, tant l'air ébranlé était pur ! de longs frémissements lumineux. Le feuillage roux des arbres du jardin s'était, par degrés, essuyé du brouillard bleu qui les noie en ces vaporeuses matinées d'octobre, et un joli soleil d'arrière-saison nous chauffait agréablement le dos, dans sa ouate d'or, au docteur et à moi, pendant que nous étions arrêtés, à regarder la fameuse panthère noire, qui est morte, l'hiver d'après, comme une jeune fille, de la poitrine. Il y avait çà et là, autour de nous, le public ordinaire du Jardin des Plantes, ce public spécial de gens du peuple, de soldats et de bonnes d'enfants, qui aiment à badauder[3] devant la grille des cages et qui s'amusent beaucoup à jeter des coquilles de noix et des pelures de marrons aux bêtes engourdies ou dormant derrière leurs barreaux. La panthère devant laquelle nous étions, en rôdant, arrivés, était, si vous vous en souvenez, de cette espèce particulière à l'île de Java[4], le pays du monde où la nature est le plus intense et semble elle-même quelque grande tigresse, inapprivoisable à l'homme, qui le fascine et qui le mord dans toutes les productions de son sol terrible et splendide. À Java, les fleurs ont plus d'éclat et plus de parfum, les fruits plus de goût, les animaux plus de beauté et plus de force que dans aucun autre pays de la Terre, et rien ne peut donner une idée de cette violence de vie à qui n'a pas reçu les poignantes et mortelles sensations d'une contrée tout à la fois enchantante et empoisonnante, tout

---

1. *Bourdon* : grosse cloche.
2. *Piles* : constructions en maçonnerie qui soutiennent les arches d'un pont.
3. *Badauder* : s'attarder à regarder un spectacle de rue.
4. *Île de Java* : île d'Indonésie.

ensemble Armide¹ et Locuste² ! Étalée nonchalamment sur ses élégantes pattes allongées devant elle, la tête droite, ses yeux d'émeraude immobiles, la panthère était un magnifique échantillon des redoutables productions de son pays. Nulle tache fauve
120 n'étoilait sa fourrure de velours noir, d'un noir si profond et si mat que la lumière, en y glissant, ne la lustrait même pas, mais s'y absorbait, comme l'eau s'absorbe dans l'éponge qui la boit... Quand on se retournait de cette forme idéale de beauté souple, de force terrible au repos, de dédain impassible et royal, vers les
125 créatures humaines qui la regardaient timidement, qui la contemplaient, yeux ronds et bouche béante, ce n'était pas l'humanité qui avait le beau rôle, c'était la bête. Et elle était si supérieure, que c'en était presque humiliant ! J'en faisais la réflexion tout bas au docteur, quand deux personnes scindèrent tout à coup le groupe
130 amoncelé devant la panthère et se plantèrent justement en face d'elle : « Oui, me répondit le docteur, mais voyez maintenant ! Voici l'équilibre rétabli entre les espèces ! »

C'étaient un homme et une femme, tous deux de haute taille, et qui, dès le premier regard que je leur jetai, me firent l'effet
135 d'appartenir aux rangs élevés du monde parisien. Ils n'étaient jeunes ni l'un ni l'autre, mais néanmoins parfaitement beaux. L'homme devait s'en aller vers quarante-sept ans et davantage, et la femme vers quarante et plus... Ils avaient donc, comme disent les marins revenus de la Terre de Feu³, *passé la ligne*, la ligne
140 fatale, plus formidable que celle de l'équateur, qu'une fois passée on ne repasse plus sur les mers de la vie ! Mais ils paraissaient peu

---

1. *Armide* : magicienne de *La Jérusalem délivrée* (1580), œuvre du poète italien le Tasse (1544-1595), qui tente de conquérir le chevalier Renaud grâce à ses sortilèges.
2. *Locuste* : célèbre empoisonneuse romaine, morte en 68, à qui Agrippine demanda de tuer son époux, l'empereur Claude (10 av. J.-C.-54 apr. J.-C.), et à qui Néron, fils d'Agrippine issu d'un premier lit, demanda de tuer Britanicus, le fils de Claude.
3. *Terre de Feu* : archipel au sud du Chili.

se soucier de cette circonstance. Ils n'avaient au front, ni nulle part, de mélancolie... L'homme, élancé et aussi patricien[1] dans sa redingote noire strictement boutonnée, comme celle d'un offi-
145 cier de cavalerie, que s'il avait porté un de ces costumes que le Titien[2] donne à ses portraits, ressemblait par sa tournure busquée[3], son air efféminé et hautain, ses moustaches aiguës comme celles d'un chat et qui à la pointe commençaient à blanchir, à un mignon du temps de Henri III[4]; et pour que la ressemblance
150 fût plus complète, il portait des cheveux courts, qui n'empêchaient nullement de voir briller à ses oreilles deux saphirs d'un bleu sombre, qui me rappelèrent les deux émeraudes que Sbogar[5] portait à la même place... Excepté ce détail *ridicule* (comme aurait dit le monde) et qui montrait assez de dédain pour les goûts et
155 les idées du jour, tout était simple et *dandy* comme l'entendait Brummell, c'est-à-dire *irremarquable*, dans la tenue de cet homme qui n'attirait l'attention que par lui-même, et qui l'aurait confisquée tout entière, s'il n'avait pas eu au bras la femme, qu'en ce moment, il y avait... Cette femme, en effet, prenait encore plus le
160 regard que l'homme qui l'accompagnait, et elle le captivait plus longtemps. Elle était grande comme lui. Sa tête atteignait presque à la sienne. Et, comme elle était aussi tout en noir, elle faisait penser à la grande Isis[6] noire du Musée Égyptien, par l'ampleur

---

1. *Patricien*: distingué, noble, tel le patricien romain, individu appartenant à la classe supérieure des citoyens romains.
2. *Le Titien* (v. 1490-1576), peintre vénitien de la Renaissance, qui réalisa de nombreux portraits de prince, dont celui de Charles Quint.
3. *Busquée*: ici, exagérément courbée.
4. Henri III, troisième fils d'Henri II et de Catherine de Médicis, fut roi de 1574 à 1589. Intelligent et cultivé, il ne sut pas réaliser l'unité autour de lui, notamment à cause de son homosexualité et de l'intérêt très marqué qu'il portait à ses favoris, ses «mignons».
5. *Sbogar*: personnage éponyme d'une nouvelle de Charles Nodier (1780-1844), qui présente «deux petites émeraudes [pendant] à ses oreilles».
6. *Isis*: déesse égyptienne, aux attributs complexes, incarnant à la fois la mère, la sœur et l'amante, mais aussi l'androgyne.

de ses formes, la fierté mystérieuse et la force. Chose étrange !
dans le rapprochement de ce beau couple, c'était la femme qui avait les muscles, et l'homme qui avait les nerfs... Je ne la voyais alors que de profil ; mais, le profil, c'est l'écueil de la beauté ou son attestation la plus éclatante. Jamais, je crois, je n'en avais vu de plus pur et de plus altier[1]. Quant à ses yeux, je n'en pouvais juger, fixés qu'ils étaient sur la panthère, laquelle, sans doute, en recevait une impression magnétique et désagréable, car, immobile déjà, elle sembla s'enfoncer de plus en plus dans cette immobilité rigide, à mesure que la femme, venue pour la voir, la regardait ; et – comme les chats à la lumière qui les éblouit – sans que sa tête bougeât d'une ligne, sans que la fine extrémité de sa moustache, seulement, frémît, la panthère, après avoir clignoté quelque temps, et comme n'en pouvant pas supporter davantage, rentra lentement, sous les coulisses tirées de ses paupières, les deux étoiles vertes de ses regards. Elle se claquemurait[2].

« Eh ! eh ! panthère contre panthère ! fit le docteur à mon oreille ; mais le satin est plus fort que le velours. »

Le satin, c'était la femme, qui avait une robe de cette étoffe miroitante – une robe à longue traîne. Et il avait vu juste, le docteur ! Noire, souple, d'articulation aussi puissante, aussi royale d'attitude – dans son espèce, d'une beauté égale, et d'un charme encore plus inquiétant –, la femme, l'inconnue, était comme une panthère humaine, dressée devant la panthère animale qu'elle éclipsait ; et la bête venait de le sentir, sans doute, quand elle avait fermé les yeux. Mais la femme – si c'en était un – ne se contenta pas de ce triomphe. Elle manqua de générosité. Elle voulut que sa rivale la vît qui l'humiliait, et rouvrît les yeux pour la voir. Aussi, défaisant sans mot dire les douze boutons du gant violet qui moulait son magnifique avant-bras, elle ôta ce gant, et, passant audacieusement sa main entre les

---

1. *Altier* : hautain.
2. *Se claquemurait* : se tenait enfermée.

barreaux de la cage, elle en fouetta le museau court de la panthère, qui ne fit qu'un mouvement... mais quel mouvement !... et d'un coup de dents, rapide comme l'éclair !... Un cri partit du groupe où nous étions. Nous avions cru le poignet emporté : ce n'était que le gant. La panthère l'avait englouti. La formidable bête outragée avait rouvert des yeux affreusement dilatés, et ses naseaux froncés vibraient encore...

« Folle !... » dit l'homme, en saisissant ce beau poignet, qui venait d'échapper à la plus coupante des morsures.

Vous savez comme parfois on dit : « Folle !... » Il le dit ainsi ; et il le baisa, ce poignet, avec emportement.

Et, comme il était de notre côté, elle se retourna de trois quarts pour le regarder baisant son poignet nu, et je vis ses yeux, à elle... ces yeux qui fascinaient des tigres, et qui étaient à présent fascinés par un homme ; ses yeux, deux larges diamants noirs, taillés pour toutes les fiertés de la vie, et qui n'exprimaient plus en le regardant que toutes les adorations de l'amour !

Ces yeux-là étaient et disaient tout un poème. L'homme n'avait pas lâché le bras, qui avait dû sentir l'haleine fiévreuse de la panthère, et, le tenant replié sur son cœur, il entraîna la femme dans la grande allée du jardin, indifférent aux murmures et aux exclamations du groupe populaire – encore ému du danger que l'imprudente venait de courir –, et qu'il retraversa tranquillement. Ils passèrent auprès de nous, le docteur et moi, mais leurs visages tournés l'un vers l'autre, se serrant flanc contre flanc, comme s'ils avaient voulu se pénétrer, entrer, lui dans elle, elle dans lui, et ne faire qu'un seul corps à eux deux, en ne regardant rien qu'eux-mêmes. C'étaient, aurait-on cru à les voir ainsi passer, des créatures supérieures, qui n'apercevaient pas même à leurs orteils la terre sur laquelle ils marchaient, et qui traversaient le monde dans leur nuage, comme, dans Homère, les Immortels [1] !

---

1. *Les Immortels* : les dieux.

De telles choses sont rares à Paris, et, pour cette raison, nous restâmes à le voir filer, ce maître-couple – la femme étalant sa traîne noire dans la poussière du jardin, comme un paon, dédaigneux jusque de son plumage.

Ils étaient superbes, en s'éloignant ainsi, sous les rayons du soleil de midi, dans la majesté de leur entrelacement, ces deux êtres... Et voilà comme ils regagnèrent l'entrée de la grille du jardin et remontèrent dans un coupé, étincelant de cuivres et d'attelage, qui les attendait.

« Ils oublient l'univers ! fis-je au docteur, qui comprit ma pensée.

– Ah ! ils s'en soucient bien de l'univers ! répondit-il, de sa voix mordante. Ils ne voient rien du tout dans la création, et, ce qui est bien plus fort, ils passent même auprès de leur médecin sans le voir.

– Quoi, c'est vous, docteur ! m'écriai-je, mais alors vous allez me dire ce qu'ils sont, mon cher docteur. »

Le docteur fit ce qu'on appelle un temps, voulant faire un effet, car en tout il était rusé, le compère !

« Eh bien, c'est Philémon et Baucis[1], me dit-il simplement. Voilà !

– Peste ! fis-je, un Philémon et une Baucis d'une fière tournure et ressemblant peu à l'antique. Mais, docteur, ce n'est pas leur nom... Comment les appelez-vous ?

– Comment ! répondit le docteur, dans votre monde, où je ne vais point, vous n'avez jamais entendu parler du comte et de la comtesse Serlon de Savigny comme d'un modèle fabuleux d'amour conjugal ?

– Ma foi, non, dis-je ; on parle peu d'amour conjugal dans le monde où je vais, docteur.

---

1. ***Philémon et Baucis*** : personnages d'une légende rapportée par le poète latin Ovide (43 av. J.-C.-v. 17 apr. J.-C.) dans *Les Métamorphoses*. Ils symbolisent le couple parfait, qui trouve l'harmonie dans l'amour réciproque et qui n'est pas sensible aux attraits de la richesse.

– Hum ! hum ! c'est bien possible, fit le docteur, répondant bien plus à sa pensée qu'à la mienne. Dans ce monde-là, qui est aussi le leur, on se passe beaucoup de choses plus ou moins correctes. Mais, outre qu'ils ont une raison pour ne pas y aller, et qu'ils habitent presque toute l'année leur vieux château de Savigny, dans le Cotentin, il a couru autrefois de tels bruits sur eux, qu'au faubourg Saint-Germain, où l'on a encore un reste de solidarité nobiliaire, on aime mieux se taire que d'en parler.

– Et quels étaient ces bruits ?... Ah ! voilà que vous m'intéressez, docteur ! Vous devez en savoir quelque chose. Le château de Savigny n'est pas très loin de la ville de V..., où vous avez été médecin.

– Eh ! ces bruits... dit le docteur (il prit pensivement une prise de tabac). Enfin, on les a crus faux ! Tout ça est passé... Mais, malgré tout, quoique les mariages d'inclination et les bonheurs qu'ils donnent soient en province l'idéal de toutes les mères de famille, romanesques et vertueuses, elles n'ont pas pu beaucoup – celles que j'ai connues – parler à mesdemoiselles leurs filles de celui-là !

– Et, cependant, Philémon et Baucis, disiez-vous, docteur ?...

– Baucis ! Baucis ! Hum ! Monsieur..., interrompit le docteur Torty, en passant brusquement son index en crochet sur toute la longueur de son nez de perroquet (un de ses gestes), ne trouvez-vous pas, voyons, qu'elle a moins l'air d'une Baucis que d'une Lady Macbeth [1], cette gaillarde-là ?...

– Docteur, mon cher et adorable docteur, repris-je, avec toutes sortes de câlineries dans la voix, vous allez me dire tout ce que vous savez du comte et de la comtesse de Savigny ?...

– Le médecin est le confesseur des temps modernes, fit le docteur, avec un ton solennellement goguenard [2]. Il a remplacé

---

1. *Lady Macbeth* : personnage d'un drame (*Macbeth*, 1606) de Shakespeare (1564-1616), qui aida son mari à tuer le roi d'Écosse. Elle incarne la fureur meurtrière.
2. *Goguenard* : moqueur, narquois.

le prêtre, monsieur, et il est obligé au secret de la confession comme le prêtre... »

Il me regarda malicieusement, car il connaissait mon respect et mon amour pour les choses du catholicisme, dont il était l'ennemi. Il cligna l'œil. Il me crut attrapé.

« Et il va le tenir... comme le prêtre ! ajouta-t-il, avec éclat, et en riant de son rire le plus cynique. Venez par ici. Nous allons causer. »

Et il m'emmena dans la grande allée d'arbres qui borde, par ce côté, le Jardin des Plantes et le boulevard de l'Hôpital... Là, nous nous assîmes sur un banc à dossier vert, et il commença :

« Mon cher, c'est là une histoire qu'il faut aller chercher déjà loin, comme une balle perdue sous des chairs revenues ; car l'oubli, c'est comme une chair de choses vivantes qui se reforme par-dessus les événements et qui empêche d'en voir rien, d'en soupçonner rien au bout d'un certain temps, même la place. C'était dans les premières années qui suivirent la Restauration. Un régiment de la Garde passa par la ville de V... ; et, ayant été obligés d'y rester deux jours pour je ne sais quelle raison militaire, les officiers de ce régiment s'avisèrent de donner un assaut[1] d'armes, en l'honneur de la ville. La ville, en effet, avait bien tout ce qu'il fallait pour que ces officiers de la Garde lui fissent honneur et fête. Elle était, comme on disait alors, plus royaliste que le Roi. Proportion gardée avec sa dimension (ce n'est guère qu'une ville de cinq à six mille âmes), elle foisonnait de noblesse. Plus de trente jeunes gens de ses meilleures familles servaient alors, soit aux Gardes-du-Corps[2], soit à ceux de Monsieur[3], et les officiers du régiment en passage à V... les connaissaient presque tous. Mais,

---

1. *Assaut* : exercice au fleuret (terme d'escrime).
2. *Gardes-du-Corps* : nom d'une troupe de cavalerie qui, sous la Restauration, était composée de gentilshommes et de militaires ayant le grade d'officiers, et qui gardait la personne du roi.
3. *Monsieur* : il s'agit de Charles, comte d'Artois et futur Charles X (voir note 4, p. 36).

la principale raison qui décida de cette martiale[1] fête d'un assaut, fut la réputation d'une ville qui s'était appelée « la bretteuse » et qui était encore, dans ce moment-là, la ville la plus bretteuse[2] de France. La Révolution de 1789 avait eu beau enlever aux nobles le droit de porter l'épée, à V... ils prouvaient que s'ils ne la portaient plus, ils pouvaient toujours s'en servir. L'assaut donné par les officiers fut très brillant. On y vit accourir toutes les fortes lames du pays, et même tous les amateurs, plus jeunes d'une génération, qui n'avaient pas cultivé, comme on le cultivait autrefois, un art aussi compliqué et aussi difficile que l'escrime ; et tous montrèrent un tel enthousiasme pour ce maniement de l'épée, la gloire de nos pères, qu'un ancien prévôt du régiment, qui avait fait trois ou quatre fois son temps et dont le bras était couvert de chevrons[3], s'imagina que ce serait une bonne place pour y finir ses jours qu'une salle d'armes qu'on ouvrirait à V... ; et le colonel, à qui il communiqua et qui approuva son dessein, lui délivra son congé et l'y laissa. Ce prévôt, qui s'appelait Stassin en son nom de famille, et *La Pointe-au-corps* en son surnom de guerre, avait eu là tout simplement une idée de génie. Depuis longtemps, il n'y avait plus à V... de salle d'armes correctement tenue ; et c'était même une de ces choses dont on ne parlait qu'avec mélancolie entre ces nobles, obligés de donner eux-mêmes des leçons à leurs fils ou de les leur faire donner par quelque compagnon revenu du service, qui savait à peine ou qui savait mal ce qu'il enseignait. Les habitants de V... se piquaient d'être difficiles. Ils avaient réellement le feu sacré[4]. Il ne leur suffisait pas de tuer leur homme ; ils voulaient le tuer savamment et artistement, par principes. Il fallait, avant tout, pour eux, qu'un homme, comme ils disaient, fût beau sous les

---

1. *Martiale* : digne de Mars, dieu romain de la Guerre ; guerrière.
2. *Bretteuse* : qui se bat souvent à l'épée.
3. *Chevrons* : galons en forme de V renversé que les officiers portent sur leur uniforme et qui signale leur temps de service.
4. *Feu sacré* : dévouement, zèle à servir. L'expression a beaucoup été utilisée sous le Premier Empire.

armes, et ils n'avaient qu'un profond mépris pour ces robustes maladroits, qui peuvent être très dangereux sur le terrain, mais qui ne sont pas au strict et vrai mot, ce qu'on appelle des « tireurs ». *La Pointe-au-corps*, qui avait été un très bel homme dans sa jeunesse, et qui l'était encore, qui, au camp de Hollande, et bien jeune alors, avait battu à plate couture tous les autres prévôts et remporté un prix de deux fleurets et de deux masques montés en argent, était, lui, justement un de ces tireurs comme les écoles n'en peuvent produire, si la nature ne leur a préparé d'exceptionnelles organisations. Naturellement, il fut l'admiration de V..., et bientôt mieux. Rien n'égalise comme l'épée. Sous l'ancienne monarchie, les rois anoblissaient les hommes qui leur apprenaient à la tenir. Louis XV, si je m'en souviens bien, n'avait-il pas donné à Danet[1], son maître, qui nous a laissé un livre sur l'escrime, quatre de ses fleurs de lys, entre deux épées croisées, pour mettre dans son écusson ?... Ces gentilshommes de province, qui sentaient encore à plein nez leur monarchie, furent en peu de temps de pair à compagnon avec le vieux prévôt, comme s'il eût été l'un des leurs.

« Jusque-là, c'était bien, et il n'y avait qu'à féliciter Stassin, dit *La Pointe-au-corps*, de sa bonne fortune ; mais, malheureusement, ce vieux prévôt n'avait pas qu'un cœur de maroquin rouge sur le plastron[2] capitonné de peau blanche dont il couvrait sa poitrine, quand il donnait magistralement sa leçon... Il se trouva qu'il en avait un autre par-dessous, lequel se mit à faire des siennes dans cette ville de V..., où il était venu chercher le havre de grâce de sa vie. Il paraît que le cœur d'un soldat est toujours fait avec de la poudre. Or, quand le temps a séché la poudre, elle n'en prend que mieux. À V..., les femmes sont si généralement jolies, que l'étincelle était partout pour la poudre séchée de mon vieux prévôt. Aussi, son histoire se termina-t-elle comme celle d'un grand nombre de vieux soldats. Après avoir roulé dans toutes les

---

1. *Danet* : auteur d'un *Art des armes*, paru en 1766.
2. *Plastron* : pièce de cuir rembourrée que les escrimeurs portent sur la poitrine.

contrées de l'Europe, et pris le menton et la taille de toutes les filles que le diable avait mises sur son chemin, l'ancien soldat du Premier Empire consomma sa dernière fredaine en épousant, à cinquante ans passés, avec toutes les formalités et les sacrements de la chose, à la municipalité et à l'église, une grisette de V... ; laquelle, bien entendu – je connais les grisettes de ce pays-là ; j'en ai assez accouché pour les connaître ! – lui campa[1] un enfant, bel et bien au bout de ses neuf mois, jour pour jour ; et cet enfant, qui était une fille, n'est rien moins, mon cher, que la femme à l'air de déesse qui vient de passer, en nous frisant insolemment du vent de sa robe, et sans prendre plus garde à nous que si nous n'avions pas été là !

– La comtesse de Savigny ! m'écriai-je.

– Oui, la comtesse de Savigny, tout au long, elle-même ! Ah ! il ne faut pas regarder aux origines, pas plus pour les femmes que pour les nations ; il ne faut regarder au berceau de personne. Je me rappelle avoir vu à Stockholm celui de Charles XII[2], qui ressemblait à une mangeoire de cheval grossièrement coloriée en rouge, et qui n'était pas même d'aplomb sur ses quatre piquets. C'est de là qu'il était sorti, cette tempête ! Au fond, tous les berceaux sont des cloaques dont on est obligé de changer le linge plusieurs fois par jour ; et cela n'est jamais poétique, pour ceux qui croient à la poésie, que lorsque l'enfant n'y est plus. »

Et, pour appuyer son axiome, le docteur, à cette place de son récit, frappa sa cuisse d'un de ses gants de daim, qu'il tenait par le doigt du milieu ; et le daim claqua sur la cuisse, de manière à prouver à ceux qui comprennent la musique que le bonhomme était encore rudement musclé.

Il attendit. Je n'avais pas à le contrarier dans sa philosophie. Voyant que je ne disais rien, il continua :

---

1. *Campa* : donna (familier).
2. *Charles XII* (1697-1718) : roi de Suède-Finlande, belliqueux et avide de gloire, qui mena son royaume à son apogée, avant de le précipiter dans la décadence.

« Comme tous les vieux soldats, du reste, qui aiment jusqu'aux enfants des autres, *La Pointe-au-corps* dut raffoler du sien. Rien d'étonnant à cela. Quand un homme déjà sur l'âge a un enfant, il l'aime mieux que s'il était jeune, car la vanité, qui double tout, double aussi le sentiment paternel. Tous les vieux roquentins[1] que j'ai vus, dans ma vie, avoir tardivement un enfant, adoraient leur progéniture, et ils en étaient comiquement fiers comme d'une action d'éclat. Persuasion de jeunesse, que la nature, qui se moquait d'eux, leur coulait au cœur ! Je ne connais qu'un bonheur plus grisant et une fierté plus drôle : c'est quand, au lieu d'un enfant, un vieillard, d'un coup, en fait deux ! *La Pointe-au-corps* n'eut pas cet orgueil paternel de deux jumeaux ; mais il est vrai de dire qu'il y avait de quoi tailler deux enfants dans le sien. Sa fille – vous venez de la voir ; vous savez donc si elle a tenu ses promesses ! – était un merveilleux enfant pour la force et la beauté. Le premier soin du vieux prévôt fut de lui chercher un parrain parmi tous ces nobles, qui hantaient perpétuellement sa salle d'armes ; et il choisit, entre tous, le comte d'Avice[2], le doyen de tous ces batteurs de fer et de pavé, qui, pendant l'émigration[3], avait été lui-même prévôt à Londres, à plusieurs guinées la leçon. Le comte d'Avice de Sortôville-en-Beaumont, déjà chevalier de Saint-Louis et capitaine de dragons[4] avant la Révolution, pour le moins, alors, septuagénaire, *boutonnait*[5] encore les jeunes gens et leur donnait ce qu'on appelle, en termes de salle, de « superbes

---

1. *Roquentins* : à l'origine, nom donné à de vieux militaires en retraite. Le terme a pris une connotation péjorative et désigne des vieillards ridicules, qui s'efforcent de paraître jeunes.
2. *Le comte d'Avice* : personnage fictif auquel Barbey d'Aurevilly donne un nom à consonance normande.
3. La Révolution provoqua l'émigration de nombreux opposants au nouveau régime, le plus souvent d'origine noble, qui se dispersèrent à travers toute l'Europe, en particulier en Russie et en Grande-Bretagne.
4. *Dragons* : soldats de cavalerie.
5. *Boutonnait* : touchait de coups de fleuret (terme d'escrime).

capotes[1] ». C'était un vieux narquois, qui avait des railleries en action féroces. Ainsi, par exemple, il aimait à passer son carrelet[2] à la flamme d'une bougie, et quand il en avait, de cette façon, durci la lame, il appelait ce dur fleuret – qui ne pliait plus et vous cassait le sternum ou les côtes, lorsqu'il vous touchait – du nom insolent de "chasse-coquin". Il prisait beaucoup *La Pointe-au-corps*, qu'il tutoyait. "La fille d'un homme comme toi, lui disait-il, ne doit se nommer que comme l'épée d'un preux. Appelons-la Haute-Claire[3] !" Et ce fut le nom qu'il lui donna. Le curé de V... fit bien un peu la grimace à ce nom inaccoutumé, que n'avaient jamais entendu les fonts[4] de son église ; mais, comme le parrain était monsieur le comte d'Avice et qu'il y aura toujours, malgré les libéraux et leurs piailleries, des accointances[5] indestructibles entre la noblesse et le clergé ; comme d'un autre côté, on voit dans le calendrier romain une sainte nommée Claire, le nom de l'épée d'Olivier passa à l'enfant, sans que la ville de V... s'en émût beaucoup. Un tel nom semblait annoncer une destinée. L'ancien prévôt, qui aimait son métier presque autant que sa fille, résolut de lui apprendre et de lui laisser son talent pour dot. Triste dot ! maigre pitance ! avec les mœurs modernes, que le pauvre diable de maître d'armes ne prévoyait pas ! Dès que l'enfant put donc se tenir debout, il commença de la plier aux exercices de l'escrime ; et comme c'était un marmot solide que cette fillette, avec des attaches et des articulations d'acier fin, il la développa d'une si étrange manière, qu'à dix ans, elle semblait en avoir déjà quinze, et qu'elle faisait admirablement sa partie avec son père et les plus forts tireurs de la ville de V... On ne parlait partout que de la

---

1. *Capotes* : coups par lesquels des joueurs sont rendus capots, c'est-à-dire qui les empêchent de faire la moindre touche.
2. *Carrelet* : épée dont la lame est à trois faces.
3. *Haute-Claire* : nom donné à l'épée d'Olivier, personnage légendaire de *La Chanson de Roland*, qui, face à Roland, symbolise la prudence et la sagesse.
4. *Fonts* : bassins où l'on pratique le baptême par immersion.
5. *Accointances* : liens, ententes.

petite Hauteclaire Stassin, qui, plus tard, devait devenir *Mademoiselle Hauteclaire Stassin*. C'était surtout, comme vous vous en doutez, de la part des jeunes demoiselles de la ville, dans la société de laquelle, tout bien qu'il fût avec les pères, la fille de Stassin, dit *La Pointe-au-corps*, ne pouvait décemment aller, une incroyable, ou plutôt une très croyable curiosité, mêlée de dépit et d'envie. Leurs pères et leurs frères en parlaient avec étonnement et admiration devant elles, et elles auraient voulu voir de près cette saint Georges[1] femelle, dont la beauté, disaient-ils, égalait le talent d'escrime. Elles ne la voyaient que de loin et à distance. J'arrivais alors à V..., et j'ai été souvent le témoin de ces curiosités ardentes. *La Pointe-au-corps*, qui avait, sous l'Empire, servi dans les hussards, et qui, avec sa salle d'armes, gagnait gros d'argent, s'était permis d'acheter un cheval pour donner des leçons d'équitation à sa fille ; et comme il dressait aussi à l'année de jeunes chevaux pour les habitués de sa salle, il se promenait souvent à cheval, avec Hauteclaire, dans les routes qui rayonnent de la ville et qui l'environnent. Je les y ai rencontrés maintes fois, en revenant de mes visites de médecin, et c'est dans ces rencontres que je pus surtout juger de l'intérêt, prodigieusement enflammé, que cette grande jeune fille, si hâtivement développée, excitait dans les autres jeunes filles du pays. J'étais toujours par voies et chemins en ce temps-là, et je m'y croisais fréquemment avec les voitures de leurs parents, allant en visite, avec elles, à tous les châteaux d'alentour. Eh bien, vous ne pourrez jamais vous figurer avec quelle avidité, et même avec quelle imprudence, je les voyais se pencher et se précipiter aux portières dès que Mlle Hauteclaire Stassin apparaissait, trottant ou galopant dans la perspective d'une route, brodequin[2] à botte avec son père. Seulement, c'était à peu près inutile ; le lendemain, c'étaient presque toujours des

---

1. *Saint Georges* : martyr chrétien du IVe siècle, célèbre pour sa combativité. Une légende lui attribue le meurtre d'un dragon à qui une princesse allait être sacrifiée.
2. *Brodequin* : ici, bottine de femme.

déceptions et des regrets qu'elles m'exprimaient dans mes visites du matin à leurs mères, car elles n'avaient jamais bien vu que la tournure de cette fille, faite pour l'amazone, et qui la portait comme vous – qui venez de la voir – pouvez le supposer, mais dont le visage était toujours plus ou moins caché dans un voile gros bleu trop épais. Mlle Hauteclaire Stassin n'était guère connue que des hommes de la ville de V... Toute la journée le fleuret à la main, et la figure sous les mailles de son masque d'armes qu'elle n'ôtait pas beaucoup pour eux, elle ne sortait guère de la salle de son père, qui commençait à s'enrudir[1] et qu'elle remplaçait souvent pour la leçon. Elle se montrait très rarement dans la rue, et les femmes comme il faut ne pouvaient la voir que là, ou encore le dimanche à la messe ; mais, le dimanche à la messe, comme dans la rue, elle était presque aussi masquée que dans la salle de son père, la dentelle de son voile noir étant encore plus sombre et plus serrée que les mailles de son masque de fer. Y avait-il de l'affectation dans cette manière de se montrer ou de se cacher, qui excitait les imaginations curieuses ?... Cela était bien possible ; mais qui le savait ? qui pouvait le dire ? Et cette jeune fille, qui continuait le masque par le voile, n'était-elle pas encore plus impénétrable de caractère que de visage, comme la suite ne l'a que trop prouvé ?

« Il est bien entendu, mon très cher, que je suis obligé de passer rapidement sur tous les détails de cette époque, pour arriver plus vite au moment où réellement cette histoire commence. Mlle Hauteclaire avait environ dix-sept ans. L'ancien beau, *La Pointe-au-corps*, devenu tout à fait un bonhomme[2], veuf de sa femme, et tué moralement par la Révolution de Juillet, laquelle fit partir les nobles en deuil pour leurs châteaux et vida sa salle, tracassait vainement ses gouttes[3] qui n'avaient pas peur de ses *appels* du pied, et s'en allait au grand trot vers le cimetière. Pour un médecin qui avait le diagnostic, c'était sûr... Cela se voyait. Je

---

1. *S'enrudir* : vieillir.
2. *Bonhomme* : homme vieillissant.
3. *Gouttes* : maladies des petites articulations.

ne lui en promettais pas pour longtemps, quand, un matin, fut
amené à sa salle d'armes, par le vicomte de Taillebois et le chevalier de Mesnilgrand[1], un jeune homme du pays élevé au loin, et qui revenait habiter le château de son père, mort récemment. C'était le comte Serlon de Savigny, le *prétendu*[2] (disait la ville de V… dans son langage de petite ville) de Mlle Delphine de Cantor. Le comte de Savigny était certainement un des plus brillants et des plus piaffants[3] jeunes gens de cette époque de jeunes gens qui piaffaient tous, car il y avait (à V… comme ailleurs) de la vraie jeunesse, dans ce vieux monde. À présent, il n'y en a plus.

On lui avait beaucoup parlé de la fameuse Hauteclaire Stassin, et il avait voulu voir ce miracle. Il la trouva ce qu'elle était – une admirable jeune fille, piquante et provocante en diable dans ses chausses[4] de soie tricotées, qui mettaient en relief ses formes de Pallas[5] de Velletri[6], et dans son corsage de maroquin[7] noir, qui pinçait, en craquant, sa taille robuste et découplée, une de ces tailles que les Circassiennes[8] n'obtiennent qu'en emprisonnant leurs jeunes filles dans une ceinture de cuir, que le développement seul de leur corps doit briser. Hauteclaire Stassin était sérieuse comme une Clorinde[9]. Il la regarda donner sa leçon, et il lui

---

1. *Chevalier de Mesnilgrand* : personnage apparaissant dans une autre nouvelle des *Diaboliques*, *À un dîner d'athées*.
2. *Prétendu* : celui qui doit se marier, prétendant.
3. *Piaffants* : qui se comportent de manière à attirer l'attention sur eux.
4. *Chausses* : caleçon.
5. *Pallas* : surnom de la déesse grecque Athéna, née armée du crâne de Zeus. C'est une divinité double, car elle possède tous les attributs de la féminité mais refuse le mariage et décide de se consacrer à la guerre.
6. *Velletri* : ancienne ville du Latium, province de Rome. La statue de Pallas retrouvée dans cette région se trouve aujourd'hui au musée du Louvre, à Paris.
7. *Maroquin* : voir note 1, p. 57.
8. *Circassiennes* : habitantes d'une ancienne région, située au nord du Caucase.
9. *Clorinde* : personnage féminin de *La Jérusalem délivrée* (voir note 1, p. 100). D'une grande beauté, elle incarne la vierge guerrière, qui se livre dès son enfance à des activités masculines : la course, la lutte, l'équitation et la chasse.

demanda de croiser le fer avec elle. Mais il ne fut point le Tancrède[1] de la situation, le comte de Savigny ! Mlle Hauteclaire Stassin plia à plusieurs reprises son épée en faucille sur le cœur du beau Serlon, et elle ne fut pas touchée une seule fois.

« "On ne peut pas vous toucher, mademoiselle, lui dit-il, avec beaucoup de grâce. Serait-ce un augure ?..."

« L'amour-propre, dans ce jeune homme, était-il, dès ce soir-là, vaincu par l'amour ?

« C'est à partir de ce soir-là, du reste, que le comte de Savigny vint, tous les jours, prendre une leçon d'armes à la salle de *La Pointe-au-corps*. Le château du comte n'était qu'à la distance de quelques lieues[2]. Il les avait bientôt avalées, soit à cheval, soit en voiture, et personne ne le remarqua dans ce nid bavard d'une petite ville où l'on épinglait les plus petites choses du bout de la langue, mais où l'amour de l'escrime expliquait tout. Savigny ne fit de confidences à personne. Il évita même de venir prendre sa leçon aux mêmes heures que les autres jeunes gens de la ville. C'était un garçon qui ne manquait pas de profondeur, ce Savigny... Ce qui se passa entre lui et Hauteclaire, s'il se passa quelque chose, aucun, à cette époque, ne l'a su ou ne s'en douta. Son mariage avec Mlle Delphine de Cantor, arrêté par les parents des deux familles, il y avait des années, et trop avancé pour ne pas se conclure, s'accomplit trois mois après le retour du comte de Savigny ; et même ce fut là pour lui une occasion de vivre tout un mois à V..., près de sa fiancée, chez laquelle il passait, en coupe réglée[3], toutes les journées, mais d'où, le soir, il s'en allait très régulièrement prendre sa leçon...

---

1. *Tancrède* : personnage masculin de *La Jérusalem délivrée* (voir note 1, p. 100). Il incarne la vertu chevaleresque en se montrant à la fois courageux et sage, humain et courtois. Amoureux de Clorinde, il combat deux fois contre elle sans le savoir, parce qu'il ne la reconnaît pas. Le second combat prend la forme d'un corps à corps et dure toute une nuit. Il finit par la blesser à mort.
2. La lieue est une ancienne mesure de distance valant quatre kilomètres.
3. *En coupe réglée* : de façon régulière. L'expression suggère l'idée de sacrifice.

Comme tout le monde, Mlle Hauteclaire entendit, à l'église paroissiale de V..., proclamer les bans[1] du comte de Savigny et de Mlle de Cantor; mais, ni son attitude, ni sa physionomie, ne révélèrent qu'elle prît à ces déclarations publiques un intérêt quelconque. Il est vrai que nul des assistants ne se mit à l'affût pour l'observer. Les observateurs n'étaient pas nés encore sur cette question, qui sommeillait, d'une liaison possible entre Savigny et la belle Hauteclaire. Le mariage célébré, la comtesse alla s'établir à son château, fort tranquillement, avec son mari, lequel ne renonça pas pour cela à ses habitudes citadines et vint à la ville tous les jours. Beaucoup de châtelains des environs faisaient comme lui, d'ailleurs. Le temps s'écoula. Le vieux *La Pointe-au-corps* mourut. Fermée quelques instants, sa salle se rouvrit. Mlle Hauteclaire Stassin annonça qu'elle continuerait les leçons de son père; et, loin d'avoir moins d'élèves par le fait de cette mort, elle en eut davantage. Les hommes sont tous les mêmes. L'étrangeté leur déplaît, d'homme à homme, et les blesse; mais si l'étrangeté porte des jupes, ils en raffolent. Une femme qui fait ce que fait un homme, le ferait-elle beaucoup moins bien, aura toujours sur l'homme, en France, un avantage marqué. Or, Mlle Hauteclaire Stassin, pour ce qu'elle faisait, le faisait beaucoup mieux. Elle était devenue beaucoup plus forte que son père. Comme démonstratrice, à la leçon, elle était incomparable, et comme beauté de jeu, splendide. Elle avait des coups irrésistibles – de ces coups qui ne s'apprennent pas plus que le coup d'archet ou le démanché du violon[2], et qu'on ne peut mettre, par enseignement, dans la main de personne. Je ferraillais un peu dans ce temps, comme tout ce monde dont j'étais entouré, et j'avoue qu'en ma qualité d'amateur, elle me charmait avec de certaines passes. Elle avait, entre

---

1. *Bans* : publication de mariage qui se fait solennellement à l'église paroissiale trois dimanches consécutifs.
2. *Démanché du violon* : geste qui permet d'obtenir des sons aigus du violon.

autres, un dégagé[1] de quarte[2] en tierce[3] qui ressemblait à de la magie. Ce n'était plus là une épée qui vous frappait, c'était une balle ! L'homme le plus rapide à la parade ne fouettait que le vent, même quand elle l'avait prévenu qu'elle allait dégager, et la botte[4] lui arrivait, inévitable, au défaut de l'épaule et de la poitrine. On n'avait pas rencontré de fer ! J'ai vu des tireurs devenir fous de ce coup, qu'ils appelaient de l'escamotage, et ils en auraient avalé leur fleuret de fureur ! Si elle n'avait pas été femme, on lui aurait diablement cherché querelle pour ce coup-là. À un homme, il aurait rapporté vingt duels.

« Du reste, même à part ce talent phénoménal si peu fait pour une femme, et dont elle vivait noblement, c'était vraiment un être très intéressant que cette jeune fille pauvre, sans autre ressource que son fleuret, et qui, par le fait de son état, se trouvait mêlée aux jeunes gens les plus riches de la ville, parmi lesquels il y en avait de très mauvais sujets et de très fats, sans que sa fleur de bonne renommée en souffrît. Pas plus à propos de Savigny qu'à propos de personne, la réputation de Mlle Hauteclaire Stassin ne fut effleurée... "Il paraît pourtant que c'est une honnête fille", disaient les femmes comme il faut, comme elles l'auraient dit d'une actrice. Et moi-même, puisque j'ai commencé à vous parler de moi, moi-même, qui me piquais d'observation, j'étais, sur le chapitre de la vertu de Hauteclaire, de la même opinion que toute la ville. J'allais quelquefois à la salle d'armes, et avant et après le mariage de M. de Savigny, je n'y avais jamais vu qu'une jeune fille grave, qui faisait sa fonction avec simplicité. Elle était, je dois le dire, très imposante, et elle avait mis tout le monde sur le pied du respect avec elle, n'étant, elle, ni familière, ni abandonnée

---

1. *Dégagé* : action de dégager le fer (terme d'escrime).
2. *Quarte* : manière de parer un coup d'épée en tenant le poignet en dehors (terme d'escrime).
3. *Tierce* : position du poignet en dedans, horizontalement, pour riposter ou attaquer (terme d'escrime).
4. *Botte* : coup de fleuret ou d'épée.

avec qui que ce fût. Sa physionomie, extrêmement fière, et qui n'avait pas alors cette expression passionnée dont vous venez d'être si frappé, ne trahissait ni chagrin, ni préoccupation, ni rien enfin de nature à faire prévoir, même de la manière la plus lointaine, la chose étonnante qui, dans l'atmosphère d'une petite ville, tranquille et routinière, fit l'effet d'un coup de canon et cassa les vitres...

« "Mademoiselle Hauteclaire Stassin a disparu !"

« Elle avait disparu : pourquoi ?... comment ?... où était-elle allée ? On ne savait. Mais, ce qu'il y avait de certain, c'est qu'elle avait disparu. Ce ne fut d'abord qu'un cri, suivi d'un silence, mais le silence ne dura pas longtemps. Les langues partirent. Les langues, longtemps retenues – comme l'eau dans une vanne et qui, l'écluse levée, se précipite et va faire tourner la roue du moulin avec furie –, se mirent à écumer et à bavarder sur cette disparition inattendue, subite, incroyable, que rien n'expliquait, car Mlle Hauteclaire avait disparu sans dire un mot ou laisser un mot à personne. Elle avait disparu, comme on disparaît quand on veut réellement disparaître – ce n'étant pas disparaître que de laisser derrière soi une chose quelconque, grosse comme rien, dont les autres peuvent s'emparer pour expliquer qu'on a disparu. Elle avait disparu de la plus radicale manière. Elle avait fait, non pas ce qu'on appelle *un trou à la lune*[1], car elle n'avait pas laissé plus une dette qu'autre chose derrière elle ; mais elle avait fait ce qu'on peut très bien appeler un trou dans le vent. Le vent souffla, et ne la rendit pas. Le moulin des langues, pour tourner à vide, n'en tourna pas moins, et se mit à moudre cruellement cette réputation qui n'avait jamais donné barre sur elle[2]. On la reprit alors, on l'éplucha, on la passa au crible, on la

---

1. Faire « *un trou à la lune* » signifie se dérober furtivement, sans payer ses créanciers.
2. *Qui n'avait jamais donné barre sur elle* : qu'on n'avait jamais cherché à démentir.

carda[1]... Comment, et avec qui, cette fille si correcte et si fière s'en était-elle allée ?... Qui l'avait enlevée ? car, bien sûr, elle avait été enlevée... Nulle réponse à cela. C'était à rendre folle une petite ville de fureur, et, positivement, V... le devint. Que de motifs pour être en colère ! D'abord, ce qu'on ne savait pas, on le perdait. Puis, on perdait l'esprit sur le compte d'une jeune fille qu'on croyait connaître et qu'on ne connaissait pas, puisqu'on l'avait jugée incapable de disparaître *comme ça*... Puis, encore, on perdait une jeune fille qu'on avait cru voir vieillir ou se marier, comme les autres jeunes filles de la ville – internées dans cette case d'échiquier d'une ville de province, comme des chevaux dans l'entrepont[2] d'un bâtiment. Enfin, on perdait, en perdant Mlle Stassin, qui n'était plus alors que *cette Stassin*, une salle d'armes célèbre à la ronde, qui était la distinction, l'ornement et l'honneur de la ville, sa cocarde sur l'oreille, son drapeau au clocher. Ah ! c'était dur, que toutes ces pertes ! Et que de raisons, en une seule, pour faire passer sur la mémoire de cette irréprochable Hauteclaire, le torrent plus ou moins fangeux de toutes les suppositions ! Aussi y passèrent-elles... Excepté quelques vieux hobereaux[3] à l'esprit grand seigneur, qui, comme son parrain, le comte d'Avice, l'avaient vue enfant, et qui, d'ailleurs, ne s'émouvant pas de grand-chose, regardaient comme tout simple qu'elle eût trouvé une chaussure meilleure à son pied que cette sandale de maître d'armes qu'elle y avait mise, Hauteclaire Stassin, en disparaissant, n'eut personne pour elle. Elle avait, en s'en allant, offensé l'amour-propre de tous ; et même ce furent les jeunes gens qui lui gardèrent le plus rancune et s'acharnèrent le plus contre elle, parce qu'elle n'avait disparu avec aucun d'eux.

« Et ce fut longtemps leur grand grief et leur grande anxiété. Avec qui était-elle partie ?... Plusieurs de ces jeunes gens allaient

---

1. *Carda* : passa au peigne, comme de la laine.
2. *Entrepont* : sur un bateau, espace compris entre deux ponts.
3. *Hobereaux* : gentilshommes campagnards de petite noblesse (le terme est péjoratif).

Le Bonheur dans le crime | 119

tous les ans vivre un mois ou deux d'hiver à Paris, et deux ou trois d'entre eux prétendirent l'y avoir vue et reconnue, au spectacle, ou, aux Champs-Élysées, à cheval, accompagnée ou seule, mais ils n'en étaient pas bien sûrs. Ils ne pouvaient l'affirmer. C'était elle, et ce pouvait bien n'être pas elle ; mais la préoccupation y était... Tous, ils ne pouvaient s'empêcher de penser à cette fille, qu'ils avaient admirée et qui, en disparaissant, avait mis en deuil cette ville d'épée dont elle était la grande artiste, la *diva* spéciale, le rayon. Après que le rayon se fut éteint, c'est-à-dire, en d'autres termes, après la disparition de cette fameuse Hauteclaire, la ville de V... tomba dans la langueur de vie et la pâleur de toutes les petites villes qui n'ont pas un centre d'activité dans lequel les passions et les goûts convergent... L'amour des armes s'y affaiblit. Animée naguère par toute cette martiale jeunesse, la ville de V... devint triste. Les jeunes gens qui, quand ils habitaient leurs châteaux, venaient tous les jours ferrailler, échangèrent le fleuret pour le fusil. Ils se firent chasseurs et restèrent sur leurs terres ou dans leurs bois, le comte de Savigny comme tous les autres. Il vint de moins en moins à V..., et si je l'y rencontrai quelquefois, ce fut dans la famille de sa femme, dont j'étais le médecin. Seulement, ne soupçonnant d'aucune façon, à cette époque, qu'il pût y avoir quelque chose entre lui et cette Hauteclaire qui avait si brusquement disparu, je n'avais nulle raison pour lui parler de cette disparition subite, sur laquelle le silence, fils des langues fatiguées, commençait de s'étendre ; et lui non plus ne me parlait jamais de Hauteclaire et des temps où nous nous étions rencontrés chez elle, et ne se permettait de faire à ces temps-là, même de loin, la moindre allusion.

– Je vous entends venir, avec vos *petits sabots de bois*, fis-je au docteur, en me servant d'une expression du pays dont il me parlait, et qui est le mien. C'était lui qui l'avait enlevée !

– Eh bien ! pas du tout, dit le docteur ; c'était mieux que cela ! Vous ne vous douteriez jamais de ce que c'était...

« Outre qu'en province, surtout, un enlèvement n'est pas chose facile au point de vue du secret, le comte de Savigny, depuis son mariage, n'avait pas bougé de son château de Savigny.

« Il y vivait, au su de tout le monde, dans l'intimité d'un mariage qui ressemblait à une lune de miel indéfiniment prolongée, et comme tout se cite et se cote en province, on le citait et on le cotait, Savigny, comme un de ces maris qu'il faut brûler, tant ils sont rares (plaisanterie de province), pour en jeter la cendre sur les autres. Dieu sait combien de temps j'aurais été dupe, moi-même, de cette réputation, si, un jour, plus d'un an après la disparition de Hauteclaire Stassin, je n'avais été appelé, en termes pressants, au château de Savigny, dont la châtelaine était malade. Je partis immédiatement, et, dès mon arrivée, je fus introduit auprès de la comtesse, qui était effectivement très souffrante d'un mal vague et compliqué, plus dangereux qu'une maladie sévèrement caractérisée. C'était une de ces femmes de vieille race, épuisée, élégante, distinguée, hautaine, et qui, du fond de leur pâleur et de leur maigreur, semblent dire : "Je suis vaincue du temps, comme ma race ; je me meurs, mais je vous méprise !" et, le diable m'emporte, tout plébéien[1] que je suis, et quoique ce soit peu philosophique, je ne puis m'empêcher de trouver cela beau. La comtesse était couchée sur un lit de repos, dans une espèce de parloir[2] à poutrelles noires et à murs blancs, très vaste, très élevé, et orné de choses d'art ancien qui faisaient le plus grand honneur au goût des comtes de Savigny. Une seule lampe éclairait cette grande pièce, et sa lumière, rendue plus mystérieuse par l'abat-jour vert qui la voilait, tombait sur le visage de la comtesse, aux pommettes incendiées par la fièvre. Il y avait quelques jours déjà qu'elle était malade, et Savigny – pour la veiller mieux – avait fait dresser un petit lit dans le parloir, auprès du lit de sa bien-aimée moitié. C'est quand la fièvre, plus tenace que tous ses soins, avait montré un

---

1. *Plébéien* : homme du peuple.
2. *Parloir* : salon où l'on cause, où l'on reçoit.

acharnement sur lequel il ne comptait pas, qu'il avait pris le parti de m'envoyer chercher. Il était là, le dos au feu, debout, l'air sombre et inquiet, à me faire croire qu'il aimait passionnément sa femme et qu'il la croyait en danger. Mais l'inquiétude dont son front était chargé n'était pas pour elle, mais pour une autre, que je ne soupçonnais pas au château de Savigny, et dont la vue m'étonna jusqu'à l'éblouissement. C'était Hauteclaire !

– Diable ! voilà qui est osé ! dis-je au docteur.

– Si osé, reprit-il, que je crus rêver en la voyant ! La comtesse avait prié son mari de sonner sa femme de chambre, à qui elle avait demandé avant mon arrivée une potion que je venais précisément de lui conseiller ; et, quelques secondes après, la porte s'était ouverte :

« "Eulalie, et ma potion ? dit, d'un ton bref, la comtesse impatiente.

– La voici, Madame !" fit une voix que je crus reconnaître, et qui n'eut pas plutôt frappé mon oreille que je vis émerger de l'ombre qui noyait le pourtour profond du parloir, et s'avancer au bord du cercle lumineux tracé par la lampe autour du lit, Hauteclaire Stassin ; oui, Hauteclaire elle-même ! tenant, dans ses belles mains, un plateau d'argent sur lequel fumait le bol demandé par la comtesse. C'était à couper la respiration qu'une telle vue ! Eulalie ! Heureusement, ce nom d'Eulalie prononcé si naturellement me dit tout, et fut comme le coup d'un marteau de glace qui me fit rentrer dans un sang-froid que j'allais perdre, et dans mon attitude passive de médecin et d'observateur. Hauteclaire, devenue Eulalie, et la femme de chambre de la comtesse de Savigny ! Son déguisement – si tant est qu'une femme pareille pût se déguiser – était complet. Elle portait le costume des grisettes de la ville de V…, et leur coiffe qui ressemble à un casque, et leurs longs tire-bouchons de cheveux tombant le long des joues – ces espèces de tire-bouchons que les prédicateurs[1] appelaient, dans

---

1. *Prédicateurs* : ceux qui prêchent, qui font des sermons.

ce temps-là, des serpents, pour en dégoûter les jolies filles, sans avoir jamais pu y parvenir. Et elle était là-dessous d'une beauté pleine de réserve, et d'une noblesse d'yeux baissés, qui prouvait qu'elles font bien tout ce qu'elles veulent de leurs satanés corps, ces couleuvres de femelles, quand elles ont le plus petit intérêt à cela... M'étant rattrapé du reste, et sûr de moi-même comme un homme qui venait de se mordre la langue pour ne pas laisser échapper un cri de surprise, j'eus cependant la petite faiblesse de vouloir lui montrer, à cette fille audacieuse, que je la reconnaissais ; et, pendant que la comtesse buvait sa potion, le front dans son bol, je lui plantai, à elle, mes deux yeux dans ses yeux, comme si j'y avais enfoncé deux patte-fiches ; mais ses yeux – de biche, pour la douceur, ce soir-là – furent plus fermes que ceux de la panthère, qu'elle vient, il n'y a qu'un moment, de faire baisser. Elle ne sourcilla pas. Un petit tremblement, presque imperceptible, avait seulement passé dans les mains qui tenaient le plateau. La comtesse buvait très lentement, et quand elle eut fini :

« "C'est bien, dit-elle. Remportez cela." »

« Et Hauteclaire-Eulalie se retourna, avec cette tournure que j'aurais reconnue entre les vingt mille tournures des filles d'Assuérus[1], et elle remporta le plateau. J'avoue que je demeurai un instant sans regarder le comte de Savigny, car je sentais ce que mon regard pouvait être pour lui dans un pareil moment ; mais quand je m'y risquai, je trouvai le sien fortement attaché sur moi, et qui passait alors de la plus horrible anxiété à l'expression de la délivrance. Il venait de voir que *j'avais vu*, mais il voyait aussi que *je ne voulais rien voir* de ce que j'avais vu, et il respirait. Il était sûr d'une impénétrable discrétion, qu'il expliquait probablement (mais cela m'était bien égal !) par l'intérêt du médecin qui ne se souciait pas de perdre un client comme lui, tandis qu'il n'y avait là que l'intérêt de l'observateur, qui ne voulait pas qu'on lui fermât la porte d'une maison où il y avait, à l'insu de toute la terre, de pareilles choses à observer.

---

1. *Assuérus* : nom biblique, roi de Perse dans le Livre d'Esther.

« Et je m'en revins, le doigt sur ma bouche, bien résolu de ne souffler mot à personne de ce dont personne dans le pays ne se doutait. Ah! les plaisirs de l'observateur! ces plaisirs impersonnels et solitaires de l'observateur, que j'ai toujours mis au-dessus de tous les autres, j'allais pouvoir me les donner en plein, dans ce coin de campagne, en ce vieux château isolé, où, comme médecin, je pouvais venir quand il me plairait... Heureux d'être délivré d'une inquiétude, Savigny m'avait dit : "Jusqu'à nouvel ordre, docteur, venez tous les jours." Je pourrais donc étudier, avec autant d'intérêt et de suite qu'une maladie, le mystère d'une situation qui, racontée à n'importe qui, aurait semblé impossible... Et comme déjà, dès le premier jour que je l'entrevis, ce mystère excita en moi la faculté ratiocinante[1], qui est le bâton d'aveugle du savant et surtout du médecin, dans la curiosité acharnée de leurs recherches, je commençai immédiatement de raisonner cette situation pour l'éclairer... Depuis combien de temps existait-elle ?... Datait-elle de la disparition de Hauteclaire ?... Y avait-il déjà plus d'un an que la chose durait et que Hauteclaire Stassin était femme de chambre chez la comtesse de Savigny ? Comment, excepté moi, qu'il avait bien fallu faire venir, personne n'avait-il vu ce que j'avais vu, moi, si aisément et si vite ?... Toutes questions qui montèrent à cheval et s'en vinrent en croupe à V... avec moi, accompagnées de bien d'autres qui se levèrent et que je ramassai sur ma route. Le comte et la comtesse de Savigny, qui passaient pour s'adorer, vivaient, il est vrai, assez retirés de toute espèce de monde. Mais, enfin, une visite pouvait, de temps en temps, tomber au château. Il est vrai encore que si c'était une visite d'hommes, Hauteclaire pouvait ne pas paraître. Et si c'était une visite de femmes, ces femmes de V..., pour la plupart, ne l'avaient jamais assez bien vue pour la reconnaître, cette fille bloquée, pendant des années, par ses leçons, au fond d'une salle d'armes, et qui, aperçue de loin, à cheval ou à l'église, portait des

---

1. *Faculté ratiocinante* : aptitude à raisonner.

voiles qu'elle épaississait à dessein, car Hauteclaire (je vous l'ai dit) avait toujours eu cette fierté des êtres très fiers, que trop de
840 curiosité offense, et qui se cachent d'autant plus qu'ils se sentent la cible de plus de regards. Quant aux gens de M. de Savigny, avec lesquels elle était bien obligée de vivre, s'ils étaient de V... ils ne la connaissaient pas, et peut-être n'en étaient-ils point... Et c'est ainsi que je répondais, tout en trottant, à ces premières
845 questions, qui, au bout d'un certain temps et d'un certain chemin, rencontraient leurs réponses, et qu'avant d'être descendu de la selle, j'avais déjà construit tout un édifice de suppositions, plus ou moins plausibles, pour expliquer ce qui, à un autre qu'un raisonneur comme moi, aurait été inexplicable. La seule chose
850 peut-être que je n'expliquais pas si bien, c'est que l'éclatante beauté de Hauteclaire n'eût pas été un obstacle à son entrée dans le service de la comtesse de Savigny, qui aimait son mari et qui devait en être jalouse. Mais, outre que les patriciennes de V..., aussi fières pour le moins que les femmes des paladins[1]
855 de Charlemagne, ne supposaient pas (grave erreur ; mais elles n'avaient pas lu *Le Mariage de Figaro*[2] !) que la plus belle fille de chambre fût plus pour leurs maris que le plus beau laquais n'était pour elles, je finis par me dire, en quittant l'étrier, que la comtesse de Savigny avait ses raisons pour se croire aimée, et qu'après tout
860 ce sacripant de Savigny était bien de taille, si le doute la prenait, à ajouter à ces raisons-là.

– Hum ! fis-je sceptiquement au docteur, que je ne pus m'empêcher d'interrompre, tout cela est bel et bon, mon cher docteur, mais n'ôtait pas à la situation son imprudence.

---

1. *Paladins* : nom donné aux seigneurs qui suivaient Charlemagne à la guerre.
2. *Le Mariage de Figaro* : comédie de Beaumarchais (1732-1799) composée en 1784. Allusion à l'attitude du comte Almaviva dans cette pièce : après avoir courtisé et épousé Rosine dans *Le Barbier de Séville* (1775), il tourne ses regards vers la fiancée de son valet Figaro.

865 — Certes, non! répondit-il; mais, si c'était l'imprudence même qui fît la situation? ajouta ce grand connaisseur en nature humaine. Il est des passions que l'imprudence allume, et qui, sans le danger qu'elles provoquent, n'existeraient pas. Au XVIe siècle, qui fut un siècle aussi passionné que peut l'être une 870 époque, la plus magnifique cause d'amour fut le danger même de l'amour. En sortant des bras d'une maîtresse, on risquait d'être poignardé; ou le mari vous empoisonnait dans le manchon de sa femme, baisé par vous et sur lequel vous aviez fait toutes les bêtises d'usage; et, bien loin d'épouvanter l'amour, ce danger 875 incessant l'agaçait, l'allumait et le rendait irrésistible! Dans nos plates mœurs modernes, où la loi a remplacé la passion, il est évident que l'article du Code qui s'applique au mari coupable d'avoir – comme elle dit grossièrement, la loi – introduit "la concubine dans le domicile conjugal[1]", est un danger assez 880 ignoble; mais pour les âmes nobles, ce danger, de cela seul qu'il est ignoble, est d'autant plus grand; et Savigny, en s'y exposant, y trouvait peut-être la seule anxieuse volupté qui enivre vraiment les âmes fortes.

«Le lendemain, vous pouvez le croire, continua le docteur 885 Torty, j'étais au château de bonne heure; mais ni ce jour, ni les suivants, je n'y vis rien qui ne fût le train[2] de toutes les maisons où tout est normal et régulier. Ni du côté de la malade, ni du côté du comte, ni même du côté de la fausse Eulalie, qui faisait naturellement son service comme si elle avait été exclusivement élevée 890 pour cela, je ne remarquai quoi que ce soit qui pût me renseigner sur le secret que j'avais surpris. Ce qu'il y avait de certain, c'est que le comte de Savigny et Hauteclaire Stassin jouaient la plus effroyablement impudente des comédies avec la simplicité d'acteurs

---

1. «*La concubine dans le domicile conjugal*» : citation approximative du Code civil de 1803 : «La femme pourra demander le divorce pour cause d'adultère de son mari, lorsqu'il aura tenu sa concubine dans la maison commune» (article 230).
2. *Train* : enchaînement des activités.

consommés, et qu'ils s'entendaient pour la jouer. Mais ce qui n'était pas si certain, et ce que je voulais savoir d'abord, c'est si la comtesse était réellement leur dupe, et si, au cas où elle l'était, il serait possible qu'elle le fût longtemps. C'est donc sur la comtesse que je concentrai mon attention. J'eus d'autant moins de peine à la pénétrer qu'elle était ma malade, et, par le fait de sa maladie, le point de mire de mes observations. C'était, comme je vous l'ai dit, une vraie femme de V..., qui ne savait *rien de rien* que ceci : c'est qu'elle était noble, et qu'en dehors de la noblesse, le monde n'était pas digne d'un regard... Le sentiment de leur noblesse est la seule passion des femmes de V... dans la haute classe, dans toutes les classes, fort peu passionnées. Mlle Delphine de Cantor, élevée aux Bénédictines[1] où, sans nulle vocation religieuse, elle s'était horriblement ennuyée, en était sortie pour s'ennuyer dans sa famille, jusqu'au moment où elle épousa le comte de Savigny, qu'elle aima, ou crut aimer, avec la facilité des jeunes filles ennuyées à aimer le premier venu qu'on leur présente. C'était une femme blanche, molle de tissus, mais dure d'os, au teint de lait dans lequel eût surnagé du son, car les petites taches de rousseur dont il était semé étaient certainement plus foncées que ses cheveux, d'un roux très doux. Quand elle me tendit son bras pâle, veiné comme une nacre bleuâtre, un poignet fin et de race, où le pouls à l'état normal battait languissamment, elle me fit l'effet d'être mise au monde et créée pour être victime... pour être broyée sous les pieds de cette fière Hauteclaire, qui s'était courbée devant elle jusqu'au rôle de servante. Seulement, cette idée, qui naissait d'abord en la regardant, était contrariée par un menton qui se relevait, à l'extrémité de ce mince visage, un menton de Fulvie[2] sur les médailles romaines, égaré au bas de ce minois chiffonné,

---

1. *Élevée aux Bénédictines* : élevée parmi les religieuses bénédictines, c'est-à-dire de l'ordre de Saint-Benoît, qui recommande l'abnégation de soi, la soumission et la discipline intérieure.
2. *Fulvie* : patricienne romaine, épouse du tribun Clodius, puis d'Antoine. Femme de caractère, elle eut une activité politique intense (Ier siècle av. J.-C.).

et aussi par un front obstinément bombé, sous ces cheveux sans rutilance[1]. Tout cela finissait par embarrasser le jugement. Pour les pieds de Hauteclaire, c'est peut-être *de là* que viendrait l'obstacle ; étant impossible qu'une situation comme celle que j'entrevoyais dans cette maison – de présent, tranquille – n'aboutît pas à quelque éclat affreux… En vue de cet éclat futur, je me mis donc à ausculter doublement cette petite femme, qui ne pouvait pas rester lettre close pour son médecin bien longtemps. Qui confesse le corps tient vite le cœur. S'il y avait des causes morales ou immorales à la souffrance actuelle de la comtesse, elle aurait beau se rouler en boule avec moi, et rentrer en elle ses impressions et ses pensées, il faudrait bien qu'elle les allongeât. Voilà ce que je me disais ; mais, vous pouvez vous fier à moi, je la tournai et la retournai vainement avec ma serre[2] de médecin. Il me fut évident, au bout de quelques jours, qu'elle n'avait pas le moindre soupçon de la complicité de son mari et de Hauteclaire dans le crime domestique dont sa maison était le silencieux et discret théâtre…
Était-ce, de sa part, défaut de sagacité ? mutisme de sentiments jaloux ? Qu'était-ce ?… Elle avait une réserve un peu hautaine avec tout le monde, excepté avec son mari. Avec cette fausse Eulalie qui la servait, elle était impérieuse, mais douce. Cela peut sembler contradictoire. Cela ne l'est point. Cela n'est que vrai. Elle avait le commandement bref, mais qui n'élève jamais la voix, d'une femme faite pour être obéie et qui est sûre de l'être… Elle l'était admirablement. Eulalie, cette effrayante Eulalie, insinuée, glissée chez elle, je ne savais comment, l'enveloppait de ces soins qui s'arrêtent juste à temps avant d'être une fatigue pour qui les reçoit, et montrait dans les détails de son service une souplesse et une entente du caractère de sa maîtresse qui tenait autant du génie de la volonté que du génie de l'intelligence… Je finis même par parler à la comtesse de cette Eulalie, que je voyais si naturellement

---

1. ***Rutilance*** : brillance.
2. ***Serre*** : griffe des oiseaux de proie.

circuler autour d'elle pendant mes visites, et qui me donnait le froid dans le dos que donnerait un serpent qu'on verrait se dérouler et s'étendre, sans faire le moindre bruit, en s'approchant du lit d'une femme endormie... Un soir que la comtesse lui demanda d'aller chercher je ne sais plus quoi, je pris occasion de sa sortie et de la rapidité, à pas légers, avec laquelle elle l'exécuta, pour risquer un mot qui fit peut-être jour :

« "Quels pas de velours ! dis-je, en la regardant sortir. Vous avez là, madame la comtesse, une femme de chambre d'un bien agréable service, à ce que je crois. Me permettez-vous de vous demander où vous l'avez prise ? Est-ce qu'elle est de V..., par hasard, cette fille-là ?

– Oui, elle me sert fort bien, répondit indifféremment la comtesse, qui se regardait alors dans un petit miroir à main, encadré dans du velours vert et entouré de plumes de paon, avec cet air impertinent qu'on a toujours quand on s'occupe de tout autre chose que de ce qu'on vous dit. J'en suis on ne peut plus contente. Elle n'est pas de V... ; mais vous dire d'où elle est, je n'en sais plus rien. Demandez à M. de Savigny, si vous tenez à le savoir, docteur, car c'est lui qui me l'a amenée quelque temps après notre mariage. Elle avait servi, me dit-il en me la présentant, chez une vieille cousine à lui, qui venait de mourir, et elle était restée sans place. Je l'ai prise de confiance, et j'ai bien fait. C'est une perfection de femme de chambre. Je ne crois pas qu'elle ait un défaut.

– Moi, je lui en connais un, madame la comtesse, dis-je en affectant la gravité.

– Ah ! et lequel ? fit-elle languissamment, avec le désintérêt de ce qu'elle disait, et en regardant toujours dans sa petite glace, où elle étudiait attentivement ses lèvres pâles.

– Elle est trop belle, dis-je, elle est réellement trop belle pour une femme de chambre. Un de ces jours, on vous l'enlèvera.

– Vous croyez ? fit-elle, toujours se regardant, et toujours distraite de ce que je disais.

– Et ce sera, peut-être, un homme comme il faut et de votre monde qui s'en amourachera, madame la comtesse ! Elle est assez belle pour tourner la tête à un duc."

« Je prenais la mesure de mes paroles tout en les prononçant. C'était là un coup de sonde ; mais si je ne rencontrais rien, je ne pouvais pas en donner un de plus.

« "Il n'y a pas de duc à V…, répondit la comtesse, dont le front resta aussi poli que la glace qu'elle tenait à la main. Et, d'ailleurs, toutes ces filles-là, docteur, ajouta-t-elle en lissant un de ses sourcils, quand elles veulent partir, ce n'est pas l'affection que vous avez pour elles qui les en empêche. Eulalie a le service charmant, mais elle abuserait comme les autres de l'affection que l'on aurait pour elle, et je me garde bien de m'y attacher."

« Et il ne fut plus question d'Eulalie ce jour-là. La comtesse était absolument abusée[1]. Qui ne l'aurait été, du reste ? Moi-même – qui de prime abord l'avais reconnue, cette Hauteclaire vue tant de fois, à une simple longueur d'épée, dans la salle d'armes de son père –, il y avait des moments où j'étais tenté de croire à Eulalie. Savigny avait beaucoup moins qu'elle, lui qui aurait dû l'avoir davantage, la liberté, l'aisance, le naturel dans le mensonge ; mais elle ! ah ! elle s'y mouvait et elle y vivait comme le plus flexible des poissons vit et se meut dans l'eau. Il fallait, certes, qu'elle l'aimât, et l'aimât étrangement, pour faire ce qu'elle faisait, pour avoir tout planté là d'une existence exceptionnelle, qui pouvait flatter sa vanité en fixant sur elle les regards d'une petite ville – pour elle l'univers –, où plus tard elle pouvait trouver, parmi les jeunes gens, ses admirateurs et ses adorateurs, quelqu'un qui l'épouserait par amour et la ferait entrer dans cette société plus élevée, dont elle ne connaissait que les hommes. Lui, l'aimant, jouait certainement moins gros jeu qu'elle. Il avait, en dévouement, la position inférieure. Sa fierté d'homme devait souffrir de ne pouvoir épargner à sa maîtresse

---

1. *Abusée* : bernée, trompée.

l'indignité d'une situation humiliante. Il y avait même, dans tout cela, une inconséquence avec le caractère impétueux qu'on attribuait à Savigny. S'il aimait Hauteclaire au point de lui sacrifier sa jeune femme, il aurait pu l'enlever et aller vivre avec elle en Italie – cela se faisait déjà très bien en ce temps-là ! – sans passer par les abominations d'un concubinage honteux et caché. Était-ce donc lui qui aimait le moins ?... Se laissait-il plutôt aimer par Hauteclaire, plus aimer par elle qu'il ne l'aimait ?... Était-ce elle qui, d'elle-même, était venue le forcer jusque dans les gardes du domicile conjugal ? Et lui, trouvant la chose audacieuse et piquante, laissait-il faire cette Putiphar[1] d'une espèce nouvelle, qui, à toute heure, lui avivait la tentation ?... Ce que je voyais ne me renseignait pas beaucoup sur Savigny et Hauteclaire... Complices – ils l'étaient bien, parbleu ! – dans un adultère quelconque ; mais les sentiments qu'il y avait au fond de cet adultère, quels étaient-ils ?... Quelle était la situation respective de ces deux êtres l'un vis-à-vis de l'autre ?... Cette inconnue de mon algèbre, je tenais à la dégager. Savigny était irréprochable pour sa femme ; mais lorsque Hauteclaire-Eulalie était là, il avait, pour moi qui l'ajustais du coin de l'œil, des précautions qui attestaient un esprit bien peu tranquille. Quand, dans le tous-les-jours de la vie, il demandait un livre, un journal, un objet quelconque à la femme de chambre de sa femme, il avait des manières de prendre cet objet qui eussent tout révélé à une autre femme que cette petite pensionnaire, élevée aux Bénédictines, et qu'il avait épousée... On voyait que sa main avait peur de rencontrer celle de Hauteclaire, comme si, la touchant par hasard, il lui eût été impossible de ne pas la prendre. Hauteclaire n'avait point de ces embarras, de ces précautions épouvantées... Tentatrice comme elles le sont toutes, qui tenteraient Dieu dans son ciel, s'il y en avait un, et le Diable dans son enfer, elle semblait vouloir agacer, tout ensemble, et le désir et le danger. Je la vis une ou deux fois, le jour où ma visite tombait

---

1. *Cette Putiphar* : voir dossier, p. 158.

pendant le dîner, que Savigny faisait pieusement auprès du lit de sa femme. C'était elle qui servait, les autres domestiques n'entrant point dans l'appartement de la comtesse. Pour mettre les plats sur
1055 la table, il fallait se pencher un peu par-dessus l'épaule de Savigny, et je la surpris qui, en les y mettant, frottait des pointes de son corsage la nuque et les oreilles du comte, qui devenait tout pâle... et qui regardait si sa femme ne le regardait pas. Ma foi ! j'étais jeune encore dans ce temps, et le tapage des molécules dans l'or-
1060 ganisation, qu'on appelle la violence des sensations, me semblait la seule chose qui valût la peine de vivre. Aussi m'imaginais-je qu'il devait y avoir de fameuses jouissances dans ce concubinage caché avec une fausse servante, sous les yeux affrontés d'une femme qui pouvait tout deviner. Oui, le concubinage dans la
1065 maison conjugale, comme dit ce vieux Prudhomme[1] de Code, c'est à ce moment-là que je le compris !

« Mais excepté les pâleurs et les transes réprimées de Savigny, je ne voyais rien du roman qu'ils faisaient entre eux, en attendant le drame et la catastrophe... selon moi inévitables. Où en étaient-
1070 ils tous les deux ? C'était là le secret de leur roman, que je voulais arracher. Cela me prenait la pensée comme la griffe de sphinx d'un problème, et cela devint si fort que, de l'observation, je tombai dans l'espionnage, qui n'est que de l'observation à tout prix. Hé ! hé ! un goût vif, bientôt nous déprave... Pour savoir ce que j'igno-
1075 rais, je me permis bien de petites bassesses, très indignes de moi, et que je jugeais telles, et que je me permis néanmoins. Ah ! l'habitude de la sonde, mon cher ! Je la jetais partout. Lorsque, dans mes visites au château, je mettais mon cheval à l'écurie, je faisais jaser les domestiques sur les maîtres, sans avoir l'air d'y toucher.
1080 Je mouchardais (oh ! je ne m'épargne pas le mot) pour le compte

---

1. *Prudhomme* : employé comme adjectif, se dit d'un homme sage et expérimenté. Employé comme nom propre, il renvoie au personnage de plusieurs œuvres de l'écrivain Henri Monnier (1799-1877), Joseph Prudhomme, bourgeois débitant solennellement les choses les plus vulgaires et parfois les plus sottes...

de ma propre curiosité. Mais les domestiques étaient tout aussi trompés que la comtesse. Ils prenaient Hauteclaire de très bonne foi pour une des leurs, et j'en aurais été pour mes frais de curiosité sans un hasard qui, comme toujours, en fit plus, en une fois, que toutes mes combinaisons, et m'en apprit plus que tous mes espionnages.

« Il y avait plus de deux mois que j'allais voir la comtesse, dont la santé ne s'améliorait pas et présentait de plus en plus les symptômes de cette débilitation[1] si commune maintenant, et que les médecins de ce temps énervé ont appelée du nom d'anémie. Savigny et Hauteclaire continuaient de jouer, avec la même perfection, la très difficile comédie que mon arrivée et ma présence en ce château n'avaient pas déconcertée. Néanmoins, on eût dit qu'il y avait un peu de fatigue dans les acteurs. Serlon avait maigri, et j'avais entendu dire à V… : "Quel bon mari que ce M. de Savigny ! Il est déjà tout changé de la maladie de sa femme. Quelle belle chose donc que de s'aimer !" Hauteclaire, à la beauté immobile, avait les yeux battus, pas battus comme on les a quand ils ont pleuré, car ces yeux-là n'ont peut-être jamais pleuré de leur vie ; mais ils l'étaient comme quand on a beaucoup veillé, et n'en brillaient que plus ardents, du fond de leur cercle violâtre. Cette maigreur de Savigny, du reste, et ces yeux cernés de Hauteclaire, pouvaient venir d'autre chose que de la vie compressive[2] qu'ils s'étaient imposée. Ils pouvaient venir de tant de choses, dans ce milieu souterrainement volcanisé ! J'en étais à regarder ces marques trahissantes à leurs visages, m'interrogeant tout bas et ne sachant trop que me répondre, quand un jour, étant allé faire ma tournée de médecin dans les alentours, je revins le soir par Savigny. Mon intention était d'entrer au château, comme à l'ordinaire ; mais un accouchement très laborieux d'une femme de la campagne m'avait retenu fort tard, et, quand

---

1. *Débilitation* : perte des forces.
2. *Compressive* : oppressante, contraignante.

je passai par le château, l'heure était beaucoup trop avancée pour que j'y pusse entrer. Je ne savais pas même l'heure qu'il était. Ma montre de chasse s'était arrêtée. Mais la lune, qui avait commencé de descendre de l'autre côté de sa courbe dans le ciel, marquait, à ce vaste cadran bleu, un peu plus de minuit, et touchait presque, de la pointe inférieure de son croissant, la pointe des hauts sapins de Savigny, derrière lesquels elle allait disparaître...

« Êtes-vous allé parfois à Savigny ? fit le docteur, en s'interrompant tout à coup et en se tournant vers moi. Oui, reprit-il, à mon signe de tête. Eh bien ! vous savez qu'on est obligé d'entrer dans ce bois de sapins et de passer le long des murs du château, qu'il faut doubler comme un cap, pour prendre la route qui mène directement à V... Tout à coup, dans l'épaisseur de ce bois noir où je ne voyais goutte de lumière ni n'entendais goutte de bruit, voilà qu'il m'en arriva un à l'oreille que je pris pour celui d'un battoir, le battoir de quelque pauvre femme, occupée le jour aux champs, et qui profitait du clair de lune pour laver son linge à quelque lavoir ou à quelque fossé... Ce ne fut qu'en avançant vers le château, qu'à ce claquement régulier se mêla un autre bruit qui m'éclaira sur la nature du premier. C'était un cliquetis d'épées qui se croisent, et se frottent, et s'agacent. Vous savez comme on entend tout dans le silence et l'air fin des nuits, comme les moindres bruits y prennent des précisions de distinctibilité[1] singulière ! J'entendais, à ne pouvoir m'y méprendre, le froissement animé du fer. Une idée me passa dans l'esprit ; mais, quand je débouchai du bois de sapins du château, blêmi par la lune, et dont une fenêtre était ouverte :

« "Tiens ! fis-je, admirant la force des goûts et des habitudes, voilà donc toujours leur manière de faire l'amour !"

« Il était évident que c'était Serlon et Hauteclaire qui faisaient des armes à cette heure. On entendait les épées comme si on les avait vues. Ce que j'avais pris pour le bruit des battoirs c'étaient

---

1. *Distinctibilité* : caractère de ce que l'on parvient à distinguer.

les *appels du pied* des tireurs. La fenêtre ouverte l'était dans le pavillon le plus éloigné, des quatre pavillons, de celui où se trouvait la chambre de la comtesse. Le château endormi, morne et blanc sous la lune, était comme une chose morte… Partout ailleurs que dans ce pavillon, choisi à dessein, et dont la porte-fenêtre, ornée d'un balcon, donnait sous des persiennes à moitié fermées, tout était silence et obscurité ; mais c'était de ces persiennes, à moitié fermées et zébrées de lumière sur le balcon, que venait ce double bruit des appels du pied et du grincement des fleurets. Il était si clair, il arrivait si net à l'oreille, que je préjugeai avec raison, comme vous allez voir, qu'ayant très chaud (on était en juillet), ils avaient ouvert la porte du balcon sous les persiennes. J'avais arrêté mon cheval sur le bord du bois, écoutant leur engagement qui paraissait très vif, intéressé par cet assaut d'armes entre amants qui s'étaient aimés les armes à la main et qui continuaient de s'aimer ainsi, quand, au bout d'un certain temps, le cliquetis des fleurets et le claquement des appels du pied cessèrent. Les persiennes de la porte vitrée du balcon furent poussées et s'ouvrirent, et je n'eus que le temps, pour ne pas être aperçu dans cette nuit claire, de faire reculer mon cheval dans l'ombre du bois de sapins. Serlon et Hauteclaire vinrent s'accouder sur la rampe en fer du balcon. Je les discernais à merveille. La lune tomba derrière le petit bois, mais la lumière d'un candélabre[1], que je voyais derrière eux dans l'appartement, mettait en relief leur double silhouette. Hauteclaire était vêtue, si cela s'appelle vêtue, comme je l'avais vue tant de fois, donnant ses leçons à V…, lacée dans ce gilet d'armes de peau de chamois qui lui faisait comme une cuirasse, et les jambes moulées par ces chausses en soie qui en prenaient si juste le contour musclé. Savigny portait à peu près le même costume. Sveltes et robustes tous deux, ils apparaissaient sur le fond lumineux, qui les encadrait, comme deux belles statues de la Jeunesse et de la Force. Vous venez tout à l'heure d'admirer

---

1. *Candélabre* : grand chandelier à plusieurs branches.

dans ce jardin l'orgueilleuse beauté de l'un et de l'autre, que les années n'ont pas détruite encore. Eh bien ! aidez-vous de cela pour vous faire une idée de la magnificence du couple que j'apercevais alors, à ce balcon, dans ces vêtements serrés qui ressemblaient à une nudité. Ils parlaient, appuyés à la rampe, mais trop bas pour que j'entendisse leurs paroles ; mais les attitudes de leurs corps les disaient pour eux. Il y eut un moment où Savigny laissa tomber passionnément son bras autour de cette taille d'amazone qui semblait faite pour toutes les résistances et qui n'en fit pas... Et, la fière Hauteclaire se suspendant presque en même temps au cou de Serlon, ils formèrent, à eux deux, ce fameux et voluptueux groupe de Canova [1] qui est dans toutes les mémoires, et ils restèrent ainsi sculptés bouche à bouche le temps, ma foi, de boire, sans s'interrompre et sans reprendre, au moins une bouteille de baisers ! Cela dura bien soixante pulsations comptées à ce pouls qui allait plus vite qu'à présent, et que ce spectacle fit aller plus vite encore...

« "Oh ! oh ! fis-je, quand je débusquai [2] de mon bois et qu'ils furent rentrés, toujours enlacés l'un à l'autre, dans l'appartement dont ils abaissèrent les rideaux, de grands rideaux sombres. Il faudra bien qu'un de ces matins ils se confient à moi. Ce n'est pas seulement eux qu'ils auront à cacher." En voyant ces caresses et cette intimité qui me révélaient tout, j'en tirais, en médecin, les conséquences. Mais leur ardeur devait tromper mes prévisions. Vous savez comme moi que les êtres qui s'aiment trop (le cynique docteur dit un autre mot) ne font pas d'enfants. Le lendemain matin, j'allai à Savigny. Je trouvai Hauteclaire redevenue Eulalie, assise dans l'embrasure d'une des fenêtres du long corridor qui aboutissait à la chambre de sa maîtresse, une masse de linge et de chiffons sur une chaise devant elle, occupée à coudre et à tailler là-dedans, elle, la tireuse d'épée de la nuit ! S'en douterait-on ?

---

1. *Canova* (1757-1822) : sculpteur italien, qui incarne le néoclassicisme en sculpture. Il est, en particulier, l'auteur d'une *Psyché ranimée par le baiser de l'Amour*, exposée au musée du Louvre, à Paris.
2. *Débusquai* : sortis.

pensai-je, en l'apercevant avec son tablier blanc et ces formes que j'avais vues, comme si elles avaient été nues, dans le cadre éclairé du balcon, noyées alors dans les plis d'une jupe qui ne pouvait pas les engloutir... Je passai, mais sans lui parler, car je ne lui parlais que le moins possible, ne voulant pas avoir avec elle l'air de savoir ce que je savais et ce qui aurait peut-être filtré à travers ma voix ou mon regard. Je me sentais bien moins comédien qu'elle, et je me craignais... D'ordinaire, lorsque je passais le long de ce corridor où elle travaillait toujours, quand elle n'était pas de service auprès de la comtesse, elle m'entendait si bien venir, elle était si sûre que c'était moi, qu'elle ne relevait jamais la tête. Elle restait inclinée sous son casque de batiste[1] empesée, ou sous cette autre coiffe normande qu'elle portait aussi à certains jours, et qui ressemble au hennin d'Isabeau de Bavière[2], les yeux sur son travail et les joues voilées par ces longs tire-bouchons d'un noir bleu qui pendaient sur leur ovale pâle, n'offrant à ma vue que la courbe d'une nuque estompée par d'épais frisons[3], qui s'y tordaient comme les désirs qu'ils faisaient naître. Chez Hauteclaire, c'est surtout l'animal qui est superbe. Nulle femme plus qu'elle n'eut peut-être ce genre de beauté-là... Les hommes, qui, entre eux, se disent tout, l'avaient bien souvent remarquée. À V..., quand elle y donnait des leçons d'armes, les hommes l'appelaient entre eux: Mademoiselle Esaü[4]... Le Diable apprend aux femmes ce qu'elles sont, ou plutôt elles l'apprendraient au Diable, s'il pouvait l'ignorer... Hauteclaire, si peu coquette pourtant, avait en écoutant, quand on lui parlait, des façons de prendre et d'enrouler autour de ses doigts les longs cheveux frisés

---

1. *Batiste* : toile de lin, très fine.
2. *Isabeau de Bavière* : reine de France et épouse de Charles VI (1371-1435). Elle mit à la mode une coiffe féminine à deux cornes, en forme de croissant et surmontée d'un voile flottant à son sommet : le hennin.
3. *Frisons* : boucles de cheveux.
4. *Esaü* : figure biblique, apparaissant dans la Genèse (25, 29-34). Fils d'Isaac et de Rébecca, il est particulièrement habile à la chasse.

et tassés à cette place du cou, ces rebelles au peigne qui avait lissé le chignon, et dont un seul suffit pour *troubler l'âme*, nous dit la Bible[1]. Elle savait bien les idées que ce jeu faisait naître ! Mais à présent, depuis qu'elle était femme de chambre, je ne l'avais pas vue, une seule fois, se permettre ce geste de la puissance jouant avec la flamme, même en regardant Savigny.

« Mon cher, ma parenthèse est longue ; mais tout ce qui vous fera bien connaître ce qu'était Hauteclaire Stassin importe à mon histoire... Ce jour-là, elle fut bien obligée de se déranger et de venir me montrer son visage, car la comtesse la sonna et lui commanda de me donner de l'encre et du papier dont j'avais besoin pour une ordonnance, et elle vint. Elle vint, le dé d'acier au doigt, qu'elle ne prit pas le temps d'ôter, ayant piqué l'aiguille enfilée sur sa provocante poitrine, où elle en avait piqué une masse d'autres pressées les unes contre les autres et l'embellissant de leur acier. Même l'acier des aiguilles allait bien à cette diablesse de fille, faite pour l'acier, et qui, au Moyen Âge, aurait porté la cuirasse. Elle se tint debout devant moi pendant que j'écrivais, m'offrant l'écritoire avec ce noble et moelleux mouvement dans les avant-bras que l'habitude de faire des armes lui avait donné plus qu'à personne. Quand j'eus fini, je levai les yeux et je la regardai, pour ne rien affecter, et je lui trouvai le visage fatigué de sa nuit. Savigny, qui n'était pas là quand j'étais arrivé, entra tout à coup. Il était bien plus fatigué qu'elle... Il me parla de l'état de la comtesse, qui ne guérissait pas. Il m'en parla comme un homme impatienté qu'elle ne guérît pas. Il avait le ton amer, violent, contracté de l'homme impatienté. Il allait et venait en parlant. Je le regardais froidement, trouvant la chose trop forte pour le coup, et ce ton napoléonien avec moi un peu inconvenant. "Mais si je guérissais ta femme – pensai-je insolemment –, tu ne ferais pas des armes et l'amour toute la nuit avec ta maîtresse." J'aurais pu le rappeler au sentiment de la réalité et de la

---

1. Allusion à un extrait du Cantique des Cantiques (4, 9).

politesse qu'il oubliait, lui planter sous le nez, si cela m'avait plu, les sels anglais[1] d'une bonne réponse. Je me contentai de le regarder. Il devenait plus intéressant pour moi que jamais, car il m'était évident qu'il jouait plus que jamais la comédie. »

Et le docteur s'arrêta de nouveau. Il plongea son large pouce et son index dans sa boîte d'argent guilloché[2] et aspira une prise de macoubac[3], comme il avait l'habitude d'appeler pompeusement son tabac. Il me parut si intéressant à son tour, que je ne lui fis aucune observation et qu'il reprit, après avoir absorbé sa prise et passé son doigt crochu sur la courbure de son avide nez en bec de corbin[4] :

« Oh ! pour impatienté, il l'était réellement ; mais ce n'était point parce que sa femme ne guérissait pas, cette femme à laquelle il était si déterminément[5] infidèle ! Que diable ! lui qui concubinait avec une servante dans sa propre maison, ne pouvait guère s'encolérer parce que sa femme ne guérissait pas ! Est-ce que, elle guérie, l'adultère n'eût pas été plus difficile ? Mais c'était vrai, pourtant, que la traînerie de ce mal sans bout le lassait, lui portait sur les nerfs. Avait-il pensé que ce serait moins long ? Et, depuis, lorsque j'y ai songé, si l'idée d'en finir vint à lui ou à elle, ou à tous les deux, puisque la maladie ou le médecin n'en finissait pas, c'est peut-être de ce moment-là…

– Quoi ! docteur, ils auraient donc ?… »

Je n'achevai pas, tant cela me coupait la parole, l'idée qu'il me donnait !

---

1. *Sels anglais* : sulfate de magnésium (substance utilisée en médecine) dont l'action est irritante.
2. *Guilloché* : ici, gravé de traits qui se croisent avec symétrie.
3. *Macoubac* : tabac qui croît dans le canton de Macouba, en Martinique.
4. *Nez en bec de corbin* : nez très recourbé. L'expression peut avoir deux origines : soit il s'agit d'un nez en forme de bec de corbeau, le corbin étant une variante inusitée du mot « corbeau » ; soit elle renvoie à des « becs-de-corbins », c'est-à-dire des instruments à bout pointu et recourbé.
5. *Déterminément* : avec résolution.

Il baissa la tête en me regardant, aussi tragique que la statue du Commandeur, quand elle accepte de souper[1].

« Oui ! souffla-t-il lentement, d'une voix basse, répondant à ma pensée. Au moins, à quelques jours de là, tout le pays apprit avec terreur que la comtesse était morte empoisonnée...

– Empoisonnée ! m'écriai-je.

– Par sa femme de chambre, Eulalie, qui avait pris une fiole l'une pour l'autre et qui, disait-on, avait fait avaler à sa maîtresse une bouteille d'encre double, au lieu d'une médecine que j'avais prescrite. C'était possible, après tout, qu'une pareille méprise. Mais je savais, moi, qu'Eulalie, c'était Hauteclaire ! Mais je les avais vus, tous deux, faire le groupe de Canova, au balcon ! Le monde n'avait pas vu ce que j'avais vu. Le monde n'eut d'abord que l'impression d'un accident terrible. Mais quand, deux ans après cette catastrophe, on apprit que le comte Serlon de Savigny épousait publiquement *la fille à Stassin* – car il fallut bien *déclencher*[2] qui elle était, la fausse Eulalie – et qu'il allait la coucher dans les draps chauds encore de sa première femme, Mlle Delphine de Cantor, oh ! alors, ce fut un grondement de tonnerre de soupçons à voix basse, comme si on avait eu peur de ce qu'on disait et de ce qu'on pensait. Seulement, au fond, personne ne savait. On ne savait que la monstrueuse mésalliance, qui fit montrer au doigt le comte de Savigny et l'isola comme un pestiféré. Cela suffisait bien, du reste. Vous savez quel déshonneur c'est, ou plutôt c'était, car les choses ont bien changé aussi dans ce pays-là, que de dire d'un homme : "Il a épousé sa servante !" Ce déshonneur s'étendit et resta sur Serlon comme une souillure. Quant à l'horrible bourdonnement du crime soupçonné qui avait couru, il s'engourdit

---

1. Allusion à la scène 5 de l'acte III du *Dom Juan* (1665) de Molière. Alors qu'ils sont en forêt, Sganarelle et son maître Dom Juan se retrouvent devant le tombeau d'un homme que ce dernier a tué : le Commandeur. Par provocation, il charge son valet d'inviter la statue de pierre à dîner. Celle-ci accepte par un hochement de tête.

2. *Déclencher* : opérer le déclenchement, révéler.

bientôt comme celui d'un taon qui tombe lassé dans une ornière. Mais il y avait cependant quelqu'un qui savait et qui était sûr...

— Et ce ne pouvait être que vous, docteur ? interrompis-je.

— C'était moi, en effet, reprit-il, mais pas moi tout seul. Si j'avais été seul pour savoir, je n'aurais jamais eu que de vagues lueurs, pires que l'ignorance... Je n'aurais jamais été sûr, et, fit-il, en s'appuyant sur les mots avec l'aplomb de la sécurité complète : je le suis !

« Et, écoutez bien comme je le suis ! » ajouta-t-il, en me prenant le genou avec ses doigts noueux, comme avec une pince. Or, son histoire me pinçait encore plus que ce système d'articulations de crabe qui formait sa redoutable main.

« Vous vous doutez bien, continua-t-il, que je fus le premier à savoir l'empoisonnement de la comtesse. Coupables ou non, il fallait bien qu'ils m'envoyassent chercher, moi qui étais le médecin. On ne prit pas la peine de seller un cheval. Un garçon d'écurie vint *à poil*[1] et au grand galop me trouver à V..., d'où je le suivis, du même galop, à Savigny. Quand j'arrivai – cela avait-il été calculé ? – il n'était plus possible d'arrêter les ravages de l'empoisonnement. Serlon, dévasté de physionomie, vint au-devant de moi dans la cour et me dit, au dégagé de l'étrier, comme s'il eût eu peur des mots dont il se servait :

« "Une domestique s'est trompée. (Il évitait de dire : Eulalie, que tout le monde nommait le lendemain.) Mais, docteur, ce n'est pas possible ! Est-ce que l'encre double serait un poison ?...

— Cela dépend des substances avec quoi elle est faite", repartis-je. Il m'introduisit chez la comtesse, épuisée de douleur, et dont le visage rétracté ressemblait à un peloton de fil blanc tombé dans de la teinture verte... Elle était effrayante ainsi. Elle me sourit affreusement de ses lèvres noires et de ce sourire qui dit à un homme qui se tait : "Je sais bien ce que vous pensez..." D'un tour d'œil je cherchai dans la chambre si Eulalie ne s'y trouvait pas.

---

1. *À poil* : sans selle.

J'aurais voulu voir sa contenance à pareil moment. Elle n'y était point. Toute brave qu'elle fût, avait-elle eu peur de moi ?... Ah ! je n'avais encore que d'incertaines données...

« La comtesse fit un effort en m'apercevant et s'était soulevée sur son coude.

« "Ah ! vous voilà, docteur, dit-elle ; mais vous venez trop tard. Je suis morte. Ce n'est pas le médecin qu'il fallait envoyer chercher, Serlon, c'était le prêtre. Allez ! donnez des ordres pour qu'il vienne, et que tout le monde me laisse seule deux minutes avec le docteur. Je le veux !"

« Elle dit ce : "Je le veux", comme je ne le lui avais jamais entendu dire, comme une femme qui avait ce front et ce menton dont je vous ai parlé.

« "Même moi ? dit Savigny, faiblement.

– Même vous" fit-elle. Et elle ajouta, presque caressante : "Vous savez, mon ami, que les femmes ont surtout des pudeurs pour ceux qu'elles aiment."

« À peine fut-il sorti, qu'un atroce changement se produisit en elle. De douce, elle devint fauve.

« "Docteur, dit-elle d'une voix haineuse, ce n'est pas un accident que ma mort, c'est un crime. Serlon aime Eulalie, et elle m'a empoisonnée ! Je ne vous ai pas cru quand vous m'avez dit que cette fille était trop belle pour une femme de chambre. J'ai eu tort. Il aime cette scélérate, cette exécrable fille qui m'a tuée. Il est plus coupable qu'elle, puisqu'il l'aime et qu'il m'a trahie pour elle. Depuis quelques jours, les regards qu'ils se jetaient des deux côtés de mon lit m'ont bien avertie. Et encore plus le goût horrible de cette encre avec laquelle ils m'ont empoisonnée !!... Mais j'ai tout bu, j'ai tout pris, malgré cet affreux goût, parce que j'étais bien aise de mourir ! Ne me parlez pas de contre-poison. Je ne veux d'aucun de vos remèdes. Je veux mourir.

– Alors, pourquoi m'avez-vous fait venir, madame la comtesse ?...

– Eh bien ! voici pourquoi, reprit-elle haletante... C'est pour vous dire qu'ils m'ont empoisonnée, et pour que vous me donniez votre parole d'honneur de le cacher. Tout ceci va faire un éclat terrible. Il ne le faut pas. Vous êtes mon médecin, et on vous croira, vous, quand vous parlerez de cette méprise qu'ils ont inventée, quand vous direz que même je ne serais pas morte, que j'aurais pu être sauvée, si depuis longtemps ma santé n'avait été perdue. Voilà ce qu'il faut me jurer, docteur..."

« Et comme je ne répondais pas, elle vit ce qui s'élevait en moi. Je pensais qu'elle aimait son mari au point de vouloir le sauver. C'était l'idée qui m'était venue, l'idée naturelle et vulgaire, car il est des femmes tellement pétries pour l'amour et ses abnégations[1], qu'elles ne rendent pas le coup dont elles meurent. Mais la comtesse de Savigny ne m'avait jamais produit l'effet d'être une de ces femmes-là !

« "Ah ! ce n'est pas ce que vous croyez qui me fait vous demander de me jurer cela, docteur ! Oh ! non ! je hais trop Serlon en ce moment pour ne pas, malgré sa trahison, l'aimer encore... Mais je ne suis pas si lâche que de lui pardonner ! Je m'en irai de cette vie, jalouse de lui, et implacable. Mais il ne s'agit pas de Serlon, docteur, reprit-elle avec énergie, en me découvrant tout un côté de son caractère que j'avais entrevu, mais que je n'avais pas pénétré dans ce qu'il avait de plus profond. Il s'agit du comte de Savigny. Je ne veux pas, quand je serai morte, que le comte de Savigny passe pour l'assassin de sa femme. Je ne veux pas qu'on le traîne en cour d'assises, qu'on l'accuse de complicité avec une servante adultère et empoisonneuse ! Je ne veux pas que cette tache reste sur ce nom de Savigny, que j'ai porté. Oh ! s'il ne s'agissait que de lui, il est digne de tous les échafauds ! Mais, lui, je lui mangerais le cœur ! Mais il s'agit de nous tous, les gens comme il faut du pays ! Si nous étions encore ce que nous devrions être, j'aurais fait jeter cette Eulalie dans une des oubliettes du château de Savigny, et il

---

1. *Abnégations* : sacrifices.

n'en aurait plus été question jamais ! Mais, à présent, nous ne sommes plus les maîtres chez nous. Nous n'avons plus notre justice expéditive et muette, et je ne veux pour rien des scandales et des publicités de la vôtre, docteur ; et j'aime mieux les laisser dans les bras l'un de l'autre, heureux et délivrés de moi, et mourir enragée comme je meurs, que de penser, en mourant, que la noblesse de V... aurait l'ignominie de compter un empoisonneur dans ses rangs."

« Elle parlait avec une vibration inouïe, malgré les tremblements saccadés de sa mâchoire qui claquait à briser ses dents. Je la reconnaissais, mais je l'apprenais encore ! C'était bien la fille noble qui n'était que cela, la fille noble plus forte, en mourant, que la femme jalouse. Elle mourait bien comme une fille de V..., la dernière ville noble de France ! Et touché de cela plus peut-être que je n'aurais dû l'être, je lui promis et je lui jurai, si je ne la sauvais pas, de faire ce qu'elle me demandait.

« Et je l'ai fait, mon cher. Je ne la sauvai pas. Je ne pus pas la sauver : elle refusa obstinément tout remède. Je dis ce qu'elle avait voulu, quand elle fut morte, et je persuadai... Il y a bien vingt-cinq ans de cela... À présent, tout est calmé, silencé[1], oublié, de cette épouvantable aventure. Beaucoup de contemporains sont morts. D'autres générations ignorantes, indifférentes, ont poussé sur leurs tombes, et la première parole que je dis de cette sinistre histoire, c'est à vous !

« Et encore, il a fallu ce que nous venons de voir pour vous la raconter. Il a fallu ces deux êtres, immuablement beaux, malgré le temps, immuablement heureux malgré leur crime, puissants, passionnés, absorbés en eux, passant aussi superbement dans la vie que dans ce jardin, semblables à deux de ces Anges d'autel qui s'enlèvent, unis dans l'ombre d'or de leurs quatre ailes ! »

J'étais épouvanté... « Mais, fis-je, si c'est vrai ce que vous me contez là, docteur, c'est un effroyable désordre dans la création que le bonheur de ces gens-là.

---

1. *Tout est [...] silencé* : tout a été passé sous silence.

– C'est un désordre ou c'est un ordre, comme il vous plaira, répondit le docteur Torty, cet athée absolu et tranquille aussi, comme ceux dont il parlait, mais c'est un fait. Ils sont heureux exceptionnellement, et insolemment heureux. Je suis bien vieux, et j'ai vu dans ma vie bien des bonheurs qui n'ont pas duré ; mais je n'ai vu que celui-là qui fût aussi profond, et qui dure toujours !

« Et croyez que je l'ai bien étudié, bien scruté, bien perscruté[1] ! Croyez que j'ai bien cherché la petite bête dans ce bonheur-là ! Je vous demande pardon de l'expression, mais je puis dire que je l'ai pouillé... J'ai mis les deux pieds et les deux yeux aussi avant que j'ai pu dans la vie de ces deux êtres, pour voir s'il n'y avait pas à leur étonnant et révoltant bonheur un défaut, une cassure, si petite qu'elle fût, à quelque endroit caché ; mais je n'ai jamais rien trouvé qu'une félicité à faire envie, et qui serait une excellente et triomphante plaisanterie du Diable contre Dieu, s'il y avait un Dieu et un Diable ! Après la mort de la comtesse, je demeurai, comme vous le pensez bien, en bons termes avec Savigny. Puisque j'avais fait tant que de prêter l'appui de mon affirmation à la fable imaginée par eux pour expliquer l'empoisonnement, ils n'avaient pas d'intérêt à m'écarter, et moi j'en avais un très grand à connaître ce qui allait suivre, ce qu'ils allaient faire, ce qu'ils allaient devenir. J'étais horripilé, mais je bravais mes horripilations... Ce qui suivit, ce fut d'abord le deuil de Savigny, lequel dura les deux ans d'usage, et que Savigny porta de manière à confirmer l'idée publique qu'il était le plus excellent des maris, passés, présents et futurs... Pendant ces deux ans, il ne vit absolument personne. Il s'enterra dans son château avec une telle rigueur de solitude, que personne ne sut qu'il avait gardé à Savigny Eulalie, la cause involontaire de la mort de la comtesse et qu'il aurait dû, par convenance seule, mettre à la porte, même dans la certitude de son innocence. Cette imprudence de garder chez soi une telle fille, après une telle catastrophe, me prouvait la passion insensée que j'avais toujours soupçonnée dans

---

1. *Perscruté* : examiné attentivement.

Serlon. Aussi ne fus-je nullement surpris quand un jour, en revenant d'une de mes tournées de médecin, je rencontrai un domestique sur la route de Savigny, à qui je demandai des nouvelles de ce qui se passait au château, et qui m'apprit qu'Eulalie *y était toujours...* À l'indifférence avec laquelle il me dit cela, je vis que personne, parmi les gens du comte, ne se doutait qu'Eulalie fût sa maîtresse. "Ils jouent toujours serré, me dis-je. Mais pourquoi ne s'en vont-ils pas du pays ? Le comte est riche. Il peut vivre grandement partout. Pourquoi ne pas filer avec cette belle diablesse (en fait de diablesse, je croyais à celle-là) qui, pour le mieux crocheter [1], a préféré vivre dans la maison de son amant, au péril de tout, que d'être sa maîtresse à V…, dans quelque logement retiré où il serait allé bien tranquillement la voir en cachette ?" Il y avait là un dessous que je ne comprenais pas. Leur délire, leur dévorement d'eux-mêmes étaient-ils donc si grands qu'ils ne voyaient plus rien des prudences et des précautions de la vie ?… Hauteclaire, que je supposais plus forte de caractère que Serlon, Hauteclaire, que je croyais l'homme des deux dans leurs rapports d'amants, voulait-elle rester dans ce château où on l'avait vue servante et où l'on devait la voir maîtresse, et en restant, si on l'apprenait et si cela faisait un scandale, préparer l'opinion à un autre scandale bien plus épouvantable, son mariage avec le comte de Savigny ? Cette idée ne m'était pas venue à moi, si elle lui était venue à elle, en cet instant de mon histoire. Hauteclaire Stassin, fille de ce vieux pilier de salle d'armes, *La Pointe-au-corps* – que nous avions tous vue, à V…, donner des leçons et *se fendre* [2] *à fond* en pantalon collant –, comtesse de Savigny ! Allons donc ! Qui aurait cru à ce renversement, à cette fin du monde ? Oh ! pardieu, je croyais très bien, pour ma part, *in petto* [3], que le concubinage continuerait d'aller

---

1. *Crocheter* : accrocher, attraper.
2. *Se fendre* : porter la jambe droite en avant en laissant le pied gauche en place (terme d'escrime).
3. *In petto* : expression italienne qui signifie littéralement « dans la poitrine », c'est-à-dire intérieurement, en secret.

son train entre ces deux fiers animaux, qui avaient, au premier coup d'œil, reconnu qu'ils étaient de la même espèce et qui avaient osé l'adultère sous les yeux mêmes de la comtesse. Mais le mariage, le mariage effrontément accompli au nez de Dieu et des hommes, mais ce défi jeté à l'opinion de toute une contrée outragée dans ses sentiments et dans ses mœurs, j'en étais, d'honneur ! à mille lieues, et si loin que quand, au bout des deux ans du deuil de Serlon, la chose se fit brusquement, le coup de foudre de la surprise me tomba sur la tête comme si j'avais été un de ces imbéciles qui ne s'attendent jamais à rien de ce qui arrive, et qui, dans le pays, se mirent alors à piauler[1] comme les chiens, fouettés dans la nuit, piaulent aux carrefours.

« Du reste, en ces deux ans du deuil de Serlon, si strictement observé et qui fut, quand on en vit la fin, si furieusement taxé d'hypocrisie et de bassesse, je n'allai pas beaucoup au château de Savigny... Qu'y serais-je allé faire ?... On s'y portait très bien, et jusqu'au moment peu éloigné peut-être où l'on m'enverrait chercher nuitamment, pour quelque accouchement qu'il faudrait bien cacher encore, on n'y avait pas besoin de mes services. Néanmoins, entre-temps, je risquais une visite au comte. Politesse doublée de curiosité éternelle. Serlon me recevait ici ou là, selon l'occurrence et où il était, quand j'arrivais. Il n'avait pas le moindre embarras avec moi. Il avait repris sa bienveillance. Il était grave. J'avais déjà remarqué que les êtres heureux sont graves. Ils portent en eux attentivement leur cœur, comme un verre plein, que le moindre mouvement peut faire déborder ou briser... Malgré sa gravité et ses vêtements noirs, Serlon avait dans les yeux l'incoercible[2] expression d'une immense félicité. Ce n'était plus l'expression du soulagement et de la délivrance qui y brillait comme le jour où, chez sa femme, il s'était aperçu que je reconnaissais Hauteclaire, mais que j'avais pris le parti de ne pas la reconnaître.

---

1. *Piauler* : synonyme de piailler.
2. *Incoercible* : qui ne peut être retenue.

Non, parbleu ! c'était bel et bien du bonheur ! Quoique, en ces visites cérémonieuses et rapides, nous ne nous entretinssions que de choses superficielles et extérieures, la voix du comte de Savigny, pour les dire, n'était pas la même voix qu'au temps de sa femme. Elle révélait à présent, par la plénitude presque chaude de ses intonations, qu'il avait peine à contenir des sentiments qui ne demandaient qu'à lui sortir de la poitrine. Quant à Hauteclaire (toujours Eulalie, et au château, ainsi que me l'avait dit le domestique), je fus assez longtemps sans la rencontrer. Elle n'était plus, quand je passais, dans le corridor où elle se tenait du temps de la comtesse, travaillant dans son embrasure. Et, pourtant, la pile de linge à la même place, et les ciseaux, et l'étui, et le dé sur le bord de la fenêtre, disaient qu'elle devait toujours travailler là, sur cette chaise vide et tiède peut-être, qu'elle avait quittée, m'entendant venir. Vous vous rappelez que j'avais la fatuité de croire qu'elle redoutait la pénétration de mon regard ; mais, à présent, elle n'avait plus à la craindre. Elle ignorait que j'eusse reçu la terrible confidence de la comtesse. Avec la nature audacieuse et altière[1] que je lui connaissais, elle devait même être contente de pouvoir braver la sagacité qui l'avait devinée. Et, de fait, ce que je présumais était la vérité, car le jour où je la rencontrai enfin, elle avait son bonheur écrit sur son front d'une si radieuse manière, qu'en y répandant toute la bouteille d'encre double avec laquelle elle avait empoisonné la comtesse, on n'aurait pas pu l'effacer !

« C'est dans le grand escalier du château que je la rencontrai cette première fois. Elle le descendait et je le montais. Elle le descendait un peu vite ; mais quand elle me vit, elle ralentit son mouvement, tenant sans doute à me montrer fastueusement son visage, et à me mettre bien au fond des yeux ses yeux qui peuvent faire fermer ceux des panthères, mais qui ne firent pas fermer les miens. En descendant les marches de son escalier, ses jupes flottant en arrière sous les souffles d'un mouvement rapide, elle

---

1. *Altière* : voir note 1, p. 102.

semblait descendre du ciel. Elle était sublime d'air heureux. Ah !
son air était à quinze mille lieues au-dessus de l'air de Serlon ! Je
n'en passai pas moins sans lui donner signe de politesse, car si
Louis XIV saluait les femmes de chambre dans les escaliers, ce
n'étaient pas des empoisonneuses ! Femme de chambre, elle l'était
encore ce jour-là, de tenue, de mise, de tablier blanc ; mais l'air
heureux de la plus triomphante et despotique maîtresse avait remplacé l'impassibilité de l'esclave. Cet air-là ne l'a point quittée. Je
viens de le revoir, et vous avez pu en juger. Il est plus frappant que
la beauté même du visage sur lequel il resplendit. Cet air surhumain de la fierté dans l'amour heureux, qu'elle a dû donner à
Serlon, qui d'abord, lui, ne l'avait pas, elle continue, après vingt
ans, de l'avoir encore, et je ne l'ai vu ni diminuer, ni se voiler un
instant sur la face de ces deux étranges Privilégiés de la vie. C'est
par cet air-là qu'ils ont toujours répondu victorieusement à tout, à
l'abandon, aux mauvais propos, aux mépris de l'opinion indignée, et qu'ils ont fait croire à qui les rencontre que le crime dont
ils ont été accusés quelques jours n'était qu'une atroce calomnie.

– Mais vous, docteur, interrompis-je, après tout ce que vous
savez, vous ne pouvez pas vous laisser imposer par cet air-là ?
Vous ne les avez pas suivis partout ? Vous ne les voyez pas à
toute heure ?

– Excepté dans leur chambre à coucher, le soir, et ce n'est pas
là qu'ils le perdent, fit le docteur Torty, gaillard, mais profond, je
les ai vus, je crois bien, à tous les moments de leur vie depuis leur
mariage, qu'ils allèrent faire je ne sais où, pour éviter le charivari [1]
que la populace de V…, aussi furieuse à sa façon que la Noblesse
à la sienne, se promettait de leur donner. Quand ils revinrent
mariés, elle, authentiquement comtesse de Savigny, et lui, absolument déshonoré par un mariage avec une servante, on les planta

---

1. *Charivari* : concert ridicule, bruyant et tumultueux de poêles, de chaudrons, de sifflets, de huées, etc., qu'on donne en certaines localités aux femmes veuves et âgées et aux veufs qui se remarient, et aussi à des personnages qui ont excité un mécontentement.

là, dans leur château de Savigny. On leur tourna le dos. On les laissa se repaître d'eux tant qu'ils voulurent... Seulement, ils ne s'en sont jamais repus, à ce qu'il paraît ; encore tout à l'heure, leur faim d'eux-mêmes n'est pas assouvie. Pour moi, qui ne veux pas mourir, en ma qualité de médecin, sans avoir écrit un traité de tératologie [1], et qu'ils intéressaient... comme des monstres, je ne me mis point à la queue de ceux qui les fuirent. Lorsque je vis la fausse Eulalie parfaitement comtesse, elle me reçut comme si elle l'avait été toute sa vie. Elle se souciait bien que j'eusse dans la mémoire le souvenir de son tablier blanc et de son plateau ! "Je ne suis plus Eulalie, me dit-elle ; je suis Hauteclaire, Hauteclaire heureuse d'avoir été servante pour lui..." Je pensais qu'elle avait été bien autre chose ; mais comme j'étais le seul du pays qui fût allé à Savigny, quand ils y revinrent, j'avais toute honte bue, et je finis par y aller beaucoup. Je puis dire que je continuai de m'acharner à regarder et à percer dans l'intimité de ces deux êtres, si complètement heureux par l'amour. Eh bien ! vous me croirez si vous voulez, mon cher, la pureté de ce bonheur, souillé par un crime dont j'étais sûr, je ne l'ai pas vue, je ne dirai pas ternie, mais assombrie une seule minute dans un seul jour. Cette boue d'un crime lâche qui n'avait pas eu le courage d'être sanglant, je n'en ai pas une seule fois aperçu la tache sur l'azur de leur bonheur ! C'est à terrasser, n'est-il pas vrai ? tous les moralistes de la terre, qui ont inventé le bel axiome du vice puni et de la vertu récompensée ! Abandonnés et solitaires comme ils l'étaient, ne voyant que moi, avec lequel ils ne se gênaient pas plus qu'avec un médecin devenu presque un ami, à force de hantises, ils ne se surveillaient point. Ils m'oubliaient et vivaient très bien, moi présent, dans l'enivrement d'une passion à laquelle je n'ai rien à comparer, voyez-vous, dans tous les souvenirs de ma vie... Vous venez d'en être le témoin il n'y a qu'un moment : ils sont passés là, et ils ne m'ont pas même

---

1. *Tératologie* : science qui a pour objet l'étude des anomalies et monstruosités.

aperçu, et j'étais à leur coude ! Une partie de ma vie avec eux, ils ne m'ont pas vu davantage... Polis, aimables, mais le plus souvent distraits, leur manière d'être avec moi était telle, que je ne serais pas revenu à Savigny si je n'avais tenu à étudier microscopiquement leur incroyable bonheur, et à y surprendre, pour mon édification personnelle, le grain de sable d'une lassitude, d'une souffrance, et, disons le grand mot : d'un remords. Mais rien ! rien ! L'amour prenait tout, emplissait tout, bouchait tout en eux, le sens moral et la conscience, comme vous dites, vous autres ; et c'est en les regardant, ces heureux, que j'ai compris le sérieux de la plaisanterie de mon vieux camarade Broussais[1], quand il disait de la conscience : "Voilà trente ans que je dissèque, et je n'ai pas seulement découvert une oreille de ce petit animal-là !"

« Et ne vous imaginez point, continua ce vieux diable de docteur Torty, comme s'il eût lu dans ma pensée, que ce que je vous dis là, c'est une thèse... la preuve d'une doctrine que je crois vraie, et qui nie carrément la conscience comme la niait Broussais. Il n'y a pas de thèse ici. Je ne prétends point entamer vos opinions... Il n'y a que des faits, qui m'ont étonné autant que vous. Il y a le phénomène d'un bonheur continu, d'une bulle de savon qui grandit toujours et qui ne crève jamais ! Quand le bonheur est continu, c'est déjà une surprise ; mais ce bonheur dans le crime, c'est une stupéfaction, et voilà vingt ans que je ne reviens pas de cette stupéfaction-là. Le vieux médecin, le vieux observateur, le vieux moraliste... ou *immoraliste* – reprit-il, voyant mon sourire – est déconcerté par le spectacle auquel il assiste depuis tant d'années, et qu'il ne peut pas vous faire voir en détail, car s'il y a un mot traînaillé partout, tant il est vrai ! c'est que le bonheur n'a pas d'histoire. Il n'a pas plus de description. On ne peint pas plus le bonheur, cette infusion d'une vie supérieure dans la vie, qu'on ne saurait peindre la circulation du sang dans les veines. On s'atteste,

---

1. *Broussais* (1772-1838) : médecin français, fondateur de la médecine physiologique.

aux battements des artères, qu'il y circule, et c'est ainsi que je m'atteste le bonheur de ces deux êtres que vous venez de voir, ce bonheur incompréhensible auquel je tâte le pouls depuis si longtemps. Le comte et la comtesse de Savigny refont tous les jours, sans y penser, le magnifique chapitre de *L'Amour dans le mariage* de Mme de Staël[1], ou les vers plus magnifiques encore du *Paradis perdu*[2] dans Milton. Pour mon compte, à moi, je n'ai jamais été bien sentimental ni bien poétique ; mais ils m'ont, avec cet idéal réalisé par eux, et que je croyais impossible, dégoûté des meilleurs mariages que j'aie connus, et que le monde appelle charmants. Je les ai toujours trouvés si inférieurs au leur, si décolorés et si froids ! La destinée, leur étoile, le hasard, qu'est-ce que je sais ? a fait qu'ils ont pu vivre pour eux-mêmes. Riches, ils ont eu ce don de l'oisiveté sans laquelle il n'y a pas d'amour, mais qui tue aussi souvent l'amour qu'elle est nécessaire pour qu'il naisse... Par exception, l'oisiveté n'a pas tué le leur. L'amour, qui simplifie tout, a fait de leur vie une simplification sublime. Il n'y a point de ces grosses choses qu'on appelle des événements dans l'existence de ces deux mariés, qui ont vécu, en apparence, comme tous les châtelains de la terre, loin du monde auquel ils n'ont rien à demander, se souciant aussi peu de son estime que de son mépris. Ils ne se sont jamais quittés. Où l'un va, l'autre l'accompagne. Les routes des environs de V... revoient Hauteclaire à cheval, comme du temps du vieux *La Pointe-au-corps* ; mais c'est le comte de Savigny qui est avec elle, et les femmes du pays, qui, comme autrefois, passent en voiture, la dévisagent plus encore peut-être que quand elle était la grande et mystérieuse jeune fille au voile bleu sombre, et qu'on ne voyait pas. Maintenant, elle lève son voile, et leur montre hardiment le visage de servante qui a su se faire épouser, et elles rentrent indignées, mais rêveuses... Le comte et la comtesse de Savigny

---

1. *L'Amour dans le mariage de Mme de Staël* : allusion à un chapitre de *De l'Allemagne*, paru en 1813.
2. *Le Paradis perdu* : poème biblique en douze chants du poète et essayiste anglais John Milton (1608-1674).

ne voyagent point ; ils viennent quelquefois à Paris, mais ils n'y restent que quelques jours. Leur vie se concentre donc tout entière dans ce château de Savigny, qui fut le théâtre d'un crime dont ils ont peut-être perdu le souvenir, dans l'abîme sans fond de leurs cœurs...

– Et ils n'ont jamais eu d'enfants, docteur ? lui dis-je.

– Ah ! fit le docteur Torty, vous croyez que c'est là qu'est la fêlure, la revanche du Sort, et ce que vous appelez la vengeance ou la justice de Dieu ? Non, ils n'ont jamais eu d'enfants. Souvenez-vous ! Une fois, j'avais eu l'idée qu'ils n'en auraient pas. Ils s'aiment trop... Le feu, qui dévore, consume et ne produit pas. Un jour, je le dis à Hauteclaire :

« "Vous n'êtes donc pas triste de n'avoir pas d'enfant, madame la comtesse ?

– Je n'en veux pas ! fit-elle impérieusement. J'aimerais moins Serlon. Les enfants, ajouta-t-elle avec une espèce de mépris, sont bons pour les femmes malheureuses !" »

Et le docteur Torty finit brusquement son histoire sur ce mot, qu'il croyait profond.

Il m'avait intéressé, et je le lui dis : « Toute criminelle qu'elle soit, fis-je, on s'intéresse à cette Hauteclaire. Sans son crime, je comprendrais l'amour de Serlon.

– Et peut-être même avec son crime ! dit le docteur. Et moi aussi ! » ajouta-t-il, le hardi bonhomme.

DOSSIER

- **Préface des *Diaboliques***
- **De la femme de Putiphar à Alberte et Hauteclaire**
- **Brassard et Serlon ou le style dandy**
- **À travers une fenêtre fermée**
- **Quand Léa devient Alberte**
- **Alberte ou l'audace de Julien Sorel**

Préface des *Diaboliques*

Afin d'éclairer le lecteur sur ses intentions et sur le sens du mot « diabolique » dans son recueil, Barbey d'Aurevilly rédige cette préface qui paraît en 1874 avec la première édition.

Voici les six premières !

Si le public y mord, et les trouve à son goût, on publiera prochainement les six autres ; car elles sont douze, – comme une douzaine de pêches – ces pécheresses !

Bien entendu qu'avec leur titre de *Diaboliques*, elles n'ont pas la prétention d'être un livre de prières ou d'*Imitation chrétienne*... Elles ont pourtant été écrites par un moraliste chrétien, mais qui se pique d'observation vraie, quoique très hardie, et qui croit – c'est sa poétique, à lui – que les peintres puissants peuvent tout peindre et que leur peinture est toujours assez *morale* quand elle est *tragique* et qu'elle donne *l'horreur des choses qu'elle retrace*. Il n'y a d'immoral que les Impassibles et les Ricaneurs. Or, l'auteur de ceci, qui croit au Diable et à ses influences dans le monde, n'en rit pas, et il ne les raconte aux âmes pures que pour les en épouvanter.

Quand on aura lu ces *Diaboliques*, je ne crois pas qu'il y ait personne en disposition de les recommencer en fait, et toute la moralité d'un livre est là...

Cela dit pour l'honneur de la chose, une autre question. Pourquoi l'auteur a-t-il donné à ces petites tragédies de plain-pied ce nom bien sonore – peut-être trop – de *Diaboliques* ?... Est-ce pour les histoires elles-mêmes qui sont ici ? ou pour les femmes de ces histoires ?...

Ces histoires sont malheureusement vraies. Rien n'en a été inventé. On n'en a pas nommé les personnages : voilà tout ! On les a masqués, et on a démarqué leur linge. « L'alphabet m'appartient », disait Casanova, quand on lui reprochait de ne pas porter son nom. L'alphabet des romanciers, c'est la vie de tous ceux qui eurent des passions et des aventures, et il ne s'agit que de combiner, avec la discrétion d'un art profond, les lettres de cet alphabet-là. D'ailleurs, malgré le vif de ces histoires à précautions nécessaires, il y aura certainement des têtes vives, montées par ce titre de *Diaboliques*, qui ne les trouveront pas aussi *diaboliques* qu'elles ont l'air de s'en vanter. Elles s'attendront à des inventions, à des complications, à des recherches, à des raffinements, à tout le *tremblement* du mélodrame moderne, qui se fourre partout, même dans le roman. Elles se tromperont, ces âmes charmantes !... *Les Diaboliques* ne sont pas des diableries : ce sont des *Diaboliques*, – des histoires réelles de ce temps de progrès et d'une civilisation si délicieuse et si *divine*, que, quand on s'avise de les écrire, il semble toujours que ce soit le Diable qui ait dicté !... Le Diable est comme Dieu. Le Manichéisme [1], qui fut la source des grandes hérésies du Moyen Âge, le Manichéisme n'est pas si bête. Malebranche [2] disait que Dieu se reconnaissait à *l'emploi des moyens les plus simples*. Le Diable aussi.

Quant aux femmes de ces histoires, pourquoi ne seraient-elles pas les *Diaboliques* ? N'ont-elles pas assez de diabolisme en leur personne pour mériter ce doux nom ? Diaboliques ! il n'y en a pas une seule ici qui ne le soit à quelque degré. Il n'y en a pas une seule à qui on puisse dire sérieusement le mot de « *Mon ange !* » sans exagérer. Comme le Diable, qui était un ange aussi, mais qui a culbuté – si elles sont des anges, c'est comme lui – la tête en bas, le... reste en haut ! Pas une ici qui soit pure, vertueuse, innocente. Monstres même à part, elles présentent un effectif de bons sentiments et de moralité bien peu considérable. Elles pourraient donc s'appeler aussi « les *Diaboliques* », sans l'avoir volé... On a voulu faire un petit musée de ces dames, – en attendant qu'on fasse le musée, encore plus petit, des dames qui leur font pendant et contraste dans la société, car toutes choses sont doubles ! L'art a deux lobes, comme le cerveau. La nature ressemble à ces femmes qui ont un œil bleu et un œil noir. Voici l'œil noir dessiné à l'encre – à l'encre de la *petite vertu*.

On donnera peut-être l'œil bleu plus tard.

---

1. *Manichéisme* : doctrine religieuse de Mani (216-277) selon laquelle il y a deux principes premiers, un bon et un mauvais.
2. *Malebranche* (1638-1715) : métaphysicien, disciple de Descartes.

Après les *Diaboliques*, les *Célestes*… si on trouve du bleu assez pur…

Mais y en a-t-il ?

1. En vous aidant de cette préface, répondez aux questions suivantes :

– Pour qui et dans quelles intentions ont été écrites *Les Diaboliques* ?
– Quels sens l'auteur donne-t-il au titre de son œuvre ? Pourquoi ?
– Quelles sont les caractéristiques de l'action et du cadre temporel de l'œuvre ?

2. En vous appuyant sur la chronologie, indiquez quelles sont les deux « promesses » faites dans cette préface que Barbey d'Aurevilly n'a pas tenues. Quelles raisons pourraient justifier ces abandons ?

De la femme de Putiphar à Alberte et Hauteclaire

Dans les nouvelles de ce volume, Alberte et Hauteclaire sont comparées à la femme de Putiphar, personnage biblique évoqué dans la Genèse (40, 1-20), célèbre pour avoir tenté, en vain, de séduire Joseph – l'esclave intendant de sa maison –, et l'avoir ensuite accusé de viol. En vous reportant à ce texte, répondez aux questions suivantes :

1. Quel portrait de la femme de Putiphar donne le texte biblique ? Quelle vision de la femme offre-t-il ?

2. Selon vous, Barbey a-t-il entièrement raison d'assimiler Alberte et Hauteclaire à ce personnage ? Justifiez votre réponse.

Brassard et Serlon
ou le style dandy

Le dandysme est un phénomène social qui naît en Angleterre à la fin du XVIIIe siècle et se répand en France dans la première moitié du XIXe siècle. Le Britannique George Brummell (1778-1840) figure parmi ses plus illustres représentants. Huysmans, mais surtout Barbey d'Aurevilly, avec *Du dandysme et de George Brummell*, paru en 1845, et Baudelaire, avec son étude *Le Peintre de la vie moderne*, publiée en 1863, comptent parmi ses grands théoriciens. Nous donnons ci-dessous un extrait du chapitre IX de ce dernier texte.

L'homme riche, oisif, et qui, même blasé, n'a pas d'autre occupation que de courir à la piste du bonheur ; l'homme élevé dans le luxe et accoutumé dès sa jeunesse à l'obéissance des autres hommes, celui enfin qui n'a d'autre profession que l'élégance, jouira toujours, dans tous les temps, d'une physionomie distincte, tout à fait à part. Le dandysme est une institution vague aussi bizarre que le duel ; très ancienne, puisque César, Catilina [1], Alcibiade [2] nous en fournissent des types éclatants ; très générale, puisque Chateaubriand l'a trouvée dans les forêts et au bord des lacs du Nouveau-Monde [3]. Le dandysme, qui est une institution en dehors des lois, a des lois rigoureuses auxquelles sont strictement soumis tous ses sujets, quelles que soient d'ailleurs la fougue et l'indépendance de leur caractère.

Les romanciers anglais ont, plus que les autres, cultivé le roman

---

1. *Catilina* (v. 108-62 av. J.-C.) : homme politique romain. Ses adversaires Cicéron et Salluste le présentent comme un être ambitieux, le type même d'une jeunesse dépravée.
2. *Alcibiade* (v. 450-404 av. J.-C.) : général et homme politique grec. Élève de Socrate, brillant et ambitieux, il fascina et scandalisa ses concitoyens.
3. Chateaubriand (1768-1848) séjourna en Amérique à l'âge de vingt-trois ans. Il relate son périple dans la première partie des *Mémoires d'outre-tombe* (1848).

■ George Brummel (1778-1840), célèbre dandy britannique. Gravure de J. Testevuide.

de *high life*[1] et les Français qui, comme M. de Custine[2], ont voulu spécialement écrire des romans d'amour, ont d'abord pris soin, et très judicieusement, de doter leurs personnages de fortunes assez vastes pour payer sans hésitation toutes leurs fantaisies ; ensuite ils les ont dispensés de toute profession. Ces êtres n'ont pas d'autre état que de cultiver l'idée du beau dans leur personne, de satisfaire leurs passions, de sentir et de penser. Ils possèdent ainsi, à leur gré et dans une vaste mesure, le temps et l'argent, sans lesquels la fantaisie, réduite à l'état de rêverie passagère, ne peut guère se traduire en action. Il est malheureusement bien vrai que, sans le loisir et l'argent, l'amour ne peut être qu'une orgie de roturier ou l'accomplissement d'un devoir conjugal. Au lieu du caprice brûlant ou rêveur, il devient une répugnante *utilité*.

Si je parle de l'amour à propos du dandysme, c'est que l'amour est l'occupation naturelle des oisifs. Mais le dandy ne vise pas à l'amour comme but spécial. Si j'ai parlé d'argent, c'est parce que l'argent est indispensable aux gens qui se font un culte de leurs passions ; mais le dandy n'aspire pas à l'argent comme à une chose essentielle ; un crédit indéfini pourrait lui suffire ; il abandonne cette grossière passion aux mortels vulgaires. Le dandysme n'est même pas, comme beaucoup de personnes peu réfléchies paraissent le croire, un goût immodéré de la toilette et de l'élégance matérielle. Ces choses ne sont pour le parfait dandy qu'un symbole de la supériorité aristocratique de son esprit. Aussi, à ses yeux, épris avant tout de *distinction*, la perfection de la toilette consiste-t-elle dans la simplicité absolue, qui est, en effet, la meilleure manière de se distinguer. Qu'est-ce donc que cette passion qui, devenue doctrine, a fait des adeptes dominateurs, cette institution non écrite qui a formé une caste si hautaine ? C'est avant tout le besoin ardent de se faire une originalité, contenu dans les limites extérieures des convenances. C'est une espèce de culte de soi-même, qui peut

---

1. *Roman de high life* : roman sentimental dont les personnages appartiennent toujours à la bonne société.
2. *Adolphe de Custine* (1790-1857) : homme de lettres français et grand voyageur, dont les romans se déroulent toujours dans la bonne société.

survivre à la recherche du bonheur à trouver dans autrui, dans la femme, par exemple ; qui peut survivre même à tout ce qu'on appelle les illusions. C'est le plaisir d'étonner et la satisfaction orgueilleuse de ne jamais être étonné. Un dandy peut être un homme blasé, peut être un homme souffrant ; mais, dans ce dernier cas, il sourira comme le Lacédémonien sous la morsure du renard [1].

On voit que, par certains côtés, le dandysme confine au spiritualisme et au stoïcisme [2]. Mais un dandy ne peut jamais être un homme vulgaire. S'il commettait un crime, il ne serait pas déchu peut-être ; mais si ce crime naissait d'une source triviale, le déshonneur serait irréparable. Que le lecteur ne se scandalise pas de cette gravité dans le frivole, et qu'il se souvienne qu'il y a une grandeur dans toutes les folies, une force dans tous les excès. Étrange spiritualisme ! Pour ceux qui en sont à la fois les prêtres et les victimes, toutes les conditions matérielles compliquées auxquelles ils se soumettent, depuis la toilette irréprochable à toute heure du jour et de la nuit jusqu'aux tours les plus périlleux du sport, ne sont qu'une gymnastique propre à fortifier la volonté et à discipliner l'âme. En vérité, je n'avais pas tout à fait tort de considérer le dandysme comme une espèce de religion. La règle monastique la plus rigoureuse, l'ordre irrésistible du *Vieux de la Montagne*, qui commandait le suicide à ses disciples enivrés, n'étaient pas plus despotiques ni plus obéis que cette doctrine de l'élégance et de l'originalité, qui impose, elle aussi, à ses ambitieux et humbles sectaires, hommes souvent pleins de fougue, de passion, de courage, d'énergie contenue, la terrible formule : *Perinde ac cadaver* [3] *!*

Que ces hommes se fassent nommer raffinés, incroyables, beaux, lions ou dandys, tous sont issus d'une même origine, tous participent

---

1. Allusion à une anecdote antique : un jeune Lacédémonien qui s'était emparé d'un renard préféra se laisser mordre par l'animal caché sous sa tunique plutôt que d'avouer son chapardage.
2. *Stoïcisme* : école philosophique fondée en Grèce au IIIe siècle av. J.-C. par Zénon de Citium, selon laquelle Dieu et le monde ne font qu'un et pour laquelle le meilleur chemin vers le bonheur réside dans une vertu très austère.
3. *Perinde ac cadaver* : formule latine qui signifie « comme un cadavre ». Il s'agit de la devise des jésuites.

du même caractère d'opposition et de révolte ; tous sont des représentants de ce qu'il y a de meilleur dans l'orgueil humain, de ce besoin, trop rare chez ceux d'aujourd'hui, de combattre et de détruire la trivialité. De là naît, chez les dandys, cette attitude hautaine de caste provocante, même dans sa froideur. Le dandysme apparaît surtout aux époques transitoires où la démocratie n'est pas encore toute-puissante, où l'aristocratie n'est que partiellement chancelante et avilie. Dans le trouble de ces époques quelques hommes déclassés, dégoûtés, désœuvrés, mais tous riches de force native, peuvent concevoir le projet de fonder une espèce nouvelle d'aristocratie, d'autant plus difficile à rompre qu'elle sera basée sur les facultés les plus précieuses, les plus indestructibles, et sur les dons célestes que le travail et l'argent ne peuvent conférer. Le dandysme est le dernier éclat d'héroïsme dans les décadences ; et le type du dandy retrouvé par le voyageur dans l'Amérique du Nord n'infirme en aucune façon cette idée : car rien n'empêche de supposer que les tribus que nous nommons *sauvages* soient les débris de grandes civilisations disparues. Le dandysme est un soleil couchant ; comme l'astre qui décline, il est superbe, sans chaleur et plein de mélancolie. Mais, hélas ! la marée montante de la démocratie, qui envahit tout et qui nivelle tout, noie jour à jour ces derniers représentants de l'orgueil humain et verse des flots d'oubli sur les traces de ces prodigieux myrmidons [1]. Les dandys se font chez nous de plus en plus rares, tandis que chez nos voisins, en Angleterre, l'état social et la constitution (la vraie constitution, celle qui s'exprime par les mœurs) laisseront longtemps encore une place aux héritiers de Sheridan [2], de Brummel et de Byron [3], si toutefois il s'en présente qui en soient dignes.

Ce qui a pu paraître au lecteur une digression n'en est pas une, en vérité. Les considérations et les rêveries morales qui surgissent des

---

1. *Myrmidons* : guerriers valeureux, commandés par Achille lors de la guerre de Troie.
2. *Sheridan* (1751-1816) : dramaturge anglais, célèbre pour son élégance et son hédonisme.
3. *Byron* (1788-1824) : auteur anglais qui permit au dandysme de se répandre en France.

dessins d'un artiste sont, dans beaucoup de cas, la meilleure traduction que le critique en puisse faire ; les suggestions font partie d'une idée mère, et, en les montrant successivement, on peut la faire deviner. Ai-je besoin de dire que M. G.[1], quand il crayonne un de ses dandys sur le papier, lui donne toujours son caractère historique, légendaire même, oserais-je dire, s'il n'était pas question du temps présent et de choses considérées généralement comme folâtres ? c'est bien là cette légèreté d'allures, cette certitude de manières, cette simplicité dans l'air de domination, cette façon de porter un habit et de diriger un cheval, ces attitudes toujours calmes mais révélant la force, qui nous font penser, quand notre regard découvre un de ces êtres privilégiés en qui le joli et le redoutable se confondent si mystérieusement : « Voilà peut-être un homme riche, mais plus certainement un Hercule sans emploi. »

Le caractère de beauté du dandy consiste surtout dans l'air froid qui vient de l'inébranlable résolution de ne pas être ému ; on dirait un feu latent qui se fait deviner, qui pourrait mais qui ne veut pas rayonner. C'est ce qui est, dans ces images, parfaitement exprimé.

1. En vous aidant de ce texte, tentez de définir les caractéristiques du dandy dans les domaines suivants :

 – historique,
 – social,
 – vestimentaire,
 – moral.

2. Quels personnages des récits de ce volume peuvent être assimilés à des dandys ? dans quelle mesure ?

---

1. M. G. : Baudelaire désigne ici son ami Constantin Guys (1805-1892), peintre qui étudia les mœurs et les modes du Second Empire.

À travers une fenêtre fermée

L'admiration de Baudelaire pour Barbey d'Aurevilly fut réciproque : ce dernier prit la défense du poète lors du procès des *Fleurs du mal* en 1857. Par ailleurs, on a remarqué dans notre présentation (p. 20) qu'il était possible de rapprocher l'esthétique des deux auteurs.

Dans « Les Fenêtres », un texte publié dans ses *Petits poèmes en prose* (posth., 1869), Baudelaire concentre son regard sur un espace – la fenêtre –, motif très important dans les nouvelles qui composent ce volume.

Celui qui regarde du dehors à travers une fenêtre ouverte, ne voit jamais autant de choses que celui qui regarde une fenêtre fermée. Il n'est pas d'objet plus profond, plus mystérieux, plus fécond, plus ténébreux, plus éblouissant qu'une fenêtre éclairée d'une chandelle. Ce qu'on peut voir au soleil est toujours moins intéressant que ce qui se passe derrière une vitre. Dans ce trou noir ou lumineux vit la vie, rêve la vie, souffre la vie.

Par-delà des vagues de toits, j'aperçois une femme mûre, ridée déjà, pauvre, toujours penchée sur quelque chose, et qui ne sort jamais. Avec son visage, avec son vêtement, avec son geste, avec presque rien, j'ai refait l'histoire de cette femme, ou plutôt sa légende, et quelquefois je me la raconte à moi-même en pleurant.

Si c'eût été un pauvre vieux homme, j'aurais refait la sienne tout aussi aisément.

Et je me couche, fier d'avoir vécu et souffert dans d'autres que moi-même.

Peut-être me direz-vous : « Es-tu sûr que cette légende soit la vraie ? » Qu'importe ce que peut être la réalité placée hors de moi, si elle m'a aidé à vivre, à sentir que je suis et ce que je suis ?

Selon vous, en quoi ce texte peut-il rendre compte de la technique narrative de Barbey d'Aurevilly pour *Le Rideau cramoisi* et *Le Bonheur dans le crime* ?

Quand Léa devient Alberte

Souvent considérée comme l'ébauche du *Rideau cramoisi*, *Léa*, nouvelle écrite par Barbey d'Aurevilly en 1832, met en scène quatre personnages : Mme de Saint-Séverin, ses deux enfants, Léa et Amédée, et l'ami de son fils, Réginald. Atteinte d'une maladie incurable, Léa est sur le point de mourir et ne doit éprouver aucune émotion forte. Réginald, qui l'aime, a promis à Mme de Saint-Séverin de ne pas révéler ses sentiments à la jeune fille. L'extrait suivant constitue la fin de l'œuvre.

[…] C'étaient en lui des ardeurs inconnues, des pâmoisons de cœur à défaillir. Tous les rêves que son imagination avait caressés depuis qu'il était revenu d'Italie et qu'il s'était énamouré de Léa, lui revenaient plus poignants encore de l'impossibilité de les voir se réaliser. La nuit qui venait jetait dans son ombre la tête de Léa posée sur l'épaule de sa mère, qui bénissait cette nuit d'être bien obscure, parce qu'elle pouvait pleurer sans craindre que Léa n'interrogeât ses pleurs. Je ne sais… mais cette nuit d'août qui pressait Réginald si près de Léa qu'il sentait le corps de la malade se gonfler contre le sien à chaque respiration longue, pénible, saccadée, comme si elle avait été oppressée d'amour, cette nuit où il y avait du crime et des plaisirs par toute la terre, lui fit boire des pensées coupables dans son air tiède et dans sa rosée. Toute cette nature étalée là aussi semblait amoureuse ! Elle lui servait une ivresse mortelle dans chaque corolle des fleurs, dans ses mille coupes de parfums. Pleuvaient de sa tête et de son cœur dans ses veines, et y roulaient comme des serpents, des sensations délicieuses, altérant avant-goût de jouissances imaginées plus délicieuses encore. Ses mains s'égarèrent comme sa raison. L'une d'elles se glissa autour de la taille abandonnée de la jeune fille, l'autre passa sur ses formes évanouies une pression timidement palpitante.

À force d'émotion, il craignait que l'air ne manquât à ses poumons. Tout plein de passion frissonnante, il avait peur de se hâter dans son audace – un cri, un geste, un soupir de cette enfant accablée pouvait le trahir. Le trahir! car il savait bien qu'il faisait mal, mais la nature humaine est si perverse, elle est si lâche, cette nature humaine, que son bonheur furtif devenait plus ébranlant encore du double enivrement du crime et du mystère. Scène odieuse que cette profanation d'une jeune fille dans la nuit noire, sous ce ciel étoilé qui parle d'un monde à venir et qui ment peut-être, tout près d'une mère qui la pleure et d'un frère qui ne la vengera pas, parce qu'une seule de ces stupides étoiles n'envoie pas un dard de lumière sur le front pâlissant du coupable et n'illumine pas son infamie!

Soit prostration entière de forces vitales, soit confusion et défaillance sous le poids de sensations inconnues, soit ignorance complète, Léa resta dans le silence et immobile jusqu'à ce qu'un mouvement effrayant fit pousser un cri à sa mère et relever la tête de Réginald dont la bouche s'était collée à celle de l'adolescente, qui ne l'avait pas retirée.

Amédée s'élança pour appeler du secours.

Quand il revint, il n'était plus temps: les flambeaux que l'on apporta n'éclairèrent pas même une agonie. Le sang du cœur avait inondé les poumons et monté dans la bouche de Léa, qui, yeux clos et tête pendante, le vomissait encore, quoiqu'elle ne fût plus qu'un cadavre. Mme de Saint-Séverin, à genoux devant, était tellement anéantie qu'elle ne songeait pas à mettre la main sur ce cœur pour épier si la vie ne le réchauffait plus. Elle considérait, les dents serrées et les yeux fixes, sa Léa ainsi trépassée, et sa douleur était si horrible qu'Amédée oublia sa sœur pour elle, et lui dit avec l'expression d'une tendresse pieuse: «Oh! ma mère, il vous reste encore deux enfants.» Elle regarda alors ce qui lui restait, la pauvre mère, mais quand elle fixa sur Réginald ses yeux qui s'étaient remplis de larmes au mot consolant de son fils, ils s'affilèrent[1] comme deux pointes de poignard. Elle se dressa de toute sa hauteur, et, d'une voix qu'il ne dut pas oublier quand il l'eut entendue, elle lui cria aux oreilles: «Réginald tu es un parjure!»

Elle s'était aperçue qu'il avait les lèvres sanglantes.

---

1. S'affilèrent: s'aiguisèrent.

1. De quel passage du *Rideau cramoisi* pouvez-vous rapprocher cet extrait ? Pourquoi ? Quelles différences fondamentales existe-t-il entre les deux textes ?

2. En quoi Réginald ressemble-t-il à Brassard ? Qu'est-ce qui l'en distingue ?

Alberte
ou l'audace de Julien Sorel

En littérature, les scènes de séduction sont nombreuses. Parmi les plus célèbres, se trouve celle de Mme de Rênal par Julien Sorel (I, IX), dans *Le Rouge et le Noir* (1830). Précepteur chez les Rênal, le jeune Julien, avide d'ascension sociale, s'est fait un devoir de séduire la maîtresse de maison. Il décide de mener à bien son projet un soir d'été, alors que le mari est absent et qu'une amie, Mme Derville, est venue en visite.

On s'assit enfin, Mme de Rênal à côté de Julien, et Mme Derville près de son amie. Préoccupé de ce qu'il allait tenter, Julien ne trouvait rien à dire. La conversation languissait.

« Serai-je aussi tremblant, et malheureux au premier duel qui me viendra ? » se dit Julien, car il avait trop de méfiance et de lui et des autres, pour ne pas voir l'état de son âme.

Dans sa mortelle angoisse, tous les dangers lui eussent semblé préférables. Que de fois ne désira-t-il pas voir survenir à Mme de Rênal quelque affaire qui l'obligeât de rentrer à la maison et de quitter le jardin ! La violence que Julien était obligé de se faire était trop forte pour que sa voix ne fût pas profondément altérée ; bientôt la voix de Mme de Rênal devint tremblante aussi, mais Julien ne s'en aperçut point. L'affreux combat que le devoir livrait à la timidité était trop pénible pour qu'il fût en état de rien observer hors lui-même. Neuf heures trois quarts venaient de sonner à l'horloge du château, sans qu'il eût encore rien osé. Julien, indigné de sa lâcheté, se dit : « Au moment précis où dix heures sonneront, j'exécuterai ce que, pendant toute la journée, je me suis promis de faire ce soir, ou je monterai chez moi me brûler la cervelle. »

Après un dernier moment d'attente et d'anxiété, pendant lequel l'excès de l'émotion mettait Julien comme hors de lui, dix heures sonnèrent à l'horloge qui était au-dessus de sa tête. Chaque coup de cette cloche fatale retentissait dans sa poitrine, et y causait comme un mouvement physique.

Enfin, comme le dernier coup de dix heures retentissait encore, il étendit la main et prit celle de Mme de Rênal, qui la retira aussitôt. Julien, sans trop savoir ce qu'il faisait, la saisit de nouveau. Quoique bien ému lui-même, il fut frappé de la froideur glaciale de la main qu'il prenait ; il la serrait avec une force convulsive ; on fit un dernier effort pour la lui ôter, mais enfin cette main lui resta.

Son âme fut inondée de bonheur, non qu'il aimât Mme de Rênal, mais un affreux supplice venait de cesser. Pour que Mme Derville ne s'aperçût de rien, il se crut obligé de parler ; sa voix alors était éclatante et forte. Celle de Mme de Rênal, au contraire, trahissait tant d'émotion, que son amie la crut malade et lui proposa de rentrer. Julien sentit le danger : « Si Mme de Rênal rentre au salon, je vais retomber dans la position affreuse où j'ai passé la journée. J'ai tenu cette main trop peu de temps pour que cela compte comme un avantage qui m'est acquis. »

Au moment où Mme Derville renouvelait la proposition de rentrer au salon, Julien serra fortement la main qu'on lui abandonnait.

Mme de Rênal, qui se levait déjà, se rassit, en disant, d'une voix mourante :

« Je me sens, à la vérité, un peu malade, mais le grand air me fait du bien. »

1. Dans quel épisode de ce volume pouvez-vous retrouver une scène analogue ? En quoi les circonstances des deux textes se ressemblent-elles ? En quoi sont-elles distinctes ?

2. Quels traits de caractère de Julien Sorel et de Mme de Rênal ce passage fait-il ressortir ? Quelles relations entretiennent les deux personnages ? En est-il de même dans le texte de Barbey ? Justifiez votre réponse.

Notes et citations

Notes et citations

Notes et citations

Notes et citations

Notes et citations

Notes et citations

Notes et citations

Les classiques et les contemporains
dans la même collection

ANDERSEN
La Petite Fille et les allumettes et autres contes (171)

APULÉE
Amour et Psyché (2073)

ASIMOV
Le Club des Veufs noirs (314)

AUCASSIN ET NICOLETTE (43)

BALZAC
Le Bal de Sceaux (132)
Le Chef-d'œuvre inconnu (2208)
Le Colonel Chabert (2007)
Ferragus (48)
La Maison du chat-qui-pelote (2027)
La Vendetta (28)

BARBEY D'AUREVILLY
Les Diaboliques – Le Rideau cramoisi, Le Bonheur dans le crime (2190)

BARRIE
Peter Pan (2179)

BAUDELAIRE
Les Fleurs du mal (2115)

BAUM (L. FRANK)
Le Magicien d'Oz (315)

LA BELLE ET LA BÊTE ET AUTRES CONTES (90)

BERBEROVA
L'Accompagnatrice (6)

BERNARDIN DE SAINT-PIERRE
Paul et Virginie (2170)

LA BIBLE
Histoire d'Abraham (2102)
Histoire de Moïse (2076)

BOVE
Le Crime d'une nuit. Le Retour de l'enfant (2201)

BRADBURY
L'Heure H et autres nouvelles (2050)
L'Homme brûlant et autres nouvelles (2110)

CARRIÈRE (JEAN-CLAUDE)
La Controverse de Valladolid (164)

CARROLL
Alice au pays des merveilles (2075)

CHAMISSO
L'Étrange Histoire de Peter Schlemihl (174)

LA CHANSON DE ROLAND (2151)

CHATEAUBRIAND
Mémoires d'outre-tombe (101)

CHEDID (ANDRÉE)
L'Enfant des manèges et autres nouvelles (70)
Le Message (310)

CHRÉTIEN DE TROYES
Lancelot ou le Chevalier de la charrette (116)
Perceval ou le Conte du graal (88)
Yvain ou le Chevalier au lion (66)

CLAUDEL (PHILIPPE)
Les Confidents et autres nouvelles (246)

COLETTE
Le Blé en herbe (257)

COLLODI
Pinocchio (2136)

CORNEILLE
Le Cid (2018)

DAUDET
Aventures prodigieuses de Tartarin de Tarascon (2210)
Lettres de mon moulin (2068)

DEFOE
Robinson Crusoé (120)

DIDEROT
Jacques le Fataliste (317)
Le Neveu de Rameau (2218)
Supplément au Voyage de Bougainville (189)

DOYLE
Le Dernier Problème. La Maison vide (64)
Trois Aventures de Sherlock Holmes (37)

DUMAS
  Le Comte de Monte-Cristo (85)
  Pauline (233)
  Les Trois Mousquetaires, t. 1 et 2 (2142 et 2144)

FABLIAUX DU MOYEN ÂGE (71)

LA FARCE DE MAÎTRE PATHELIN (3)

LA FARCE DU CUVIER ET AUTRES FARCES DU MOYEN ÂGE (139)

FERNEY (ALICE)
  Grâce et Dénuement (197)

FLAUBERT
  La Légende de saint Julien l'Hospitalier (111)
  Un cœur simple (47)

GAUTIER
  Le Capitaine Fracasse (2207)
  La Morte amoureuse. La Cafetière et autres nouvelles (2025)

GOGOL
  Le Nez. Le Manteau (5)

GRAFFIGNY (MME DE)
  Lettres d'une péruvienne (2216)

GRIMM
  Le Petit Chaperon rouge et autres contes (98)

GRUMBERG (JEAN-CLAUDE)
  L'Atelier (196)

HOFFMANN
  L'Enfant étranger (2067)
  L'Homme au Sable (2176)
  Le Violon de Crémone. Les Mines de Falun (2036)

HOLDER (ÉRIC)
  Mademoiselle Chambon (2153)

HOMÈRE
  Les Aventures extraordinaires d'Ulysse (2225)
  L'Iliade (2113)
  L'Odyssée (125)

HUGO
  Claude Gueux (121)
  Le Dernier Jour d'un condamné (2074)
  Les Misérables, t. 1 et 2 (96 et 97)
  Notre-Dame de Paris (160)
  Poésies 1. Enfances (2040)
  Poésies 2. De Napoléon Ier à Napoléon III (2041)
  Quatrevingt-treize (241)
  Le roi s'amuse (307)
  Ruy Blas (243)

JAMES
  Le Tour d'écrou (236)

JARRY
  Ubu Roi (2105)

KAFKA
  La Métamorphose (83)

LABICHE
  Un chapeau de paille d'Italie (114)

LA BRUYÈRE
  Les Caractères (2186)

MME DE LAFAYETTE
  La Princesse de Clèves (308)

LA FONTAINE
  Le Corbeau et le Renard et autres fables – *Nouvelle édition des* Fables (319)

LAROUI (FOUAD)
  L'Oued et le Consul et autres nouvelles (239)

LE FANU (SHERIDAN)
  Carmilla (313)

LEROUX
  Le Mystère de la Chambre Jaune (103)
  Le Parfum de la dame en noir (2202)

LOTI
  Le Roman d'un enfant (94)

MARIE DE FRANCE
  Lais (2046)

MATHESON (RICHARD)
  Au bord du précipice et autres nouvelles (178)
  Enfer sur mesure et autres nouvelles (2209)

MAUPASSANT
  Boule de suif (2087)
  Le Horla et autres contes fantastiques (11)
  Le Papa de Simon et autres nouvelles (4)
  La Parure et autres scènes de la vie parisienne (124)
  Toine et autres contes normands (312)

MÉRIMÉE
  Carmen (145)
  Mateo Falcone. Tamango (104)
  La Vénus d'Ille et autres contes fantastiques (2)

LES MILLE ET UNE NUITS
Ali Baba et les quarante voleurs (2048)
Le Pêcheur et le Génie. Histoire de Ganem (2009)
Sindbad le marin (2008)

MOLIÈRE
L'Avare (2012)
Le Bourgeois gentilhomme (133)
L'École des femmes (2143)
Les Femmes savantes (2029)
Les Fourberies de Scapin (10)
George Dandin (60)
Le Malade imaginaire (2017)
Le Médecin malgré lui (2089)
Le Médecin volant. La Jalousie du Barbouillé (242)
Les Précieuses ridicules (2061)

MONTESQUIEU
Lettres persanes (95)

MUSSET
Il faut qu'une porte soit ouverte ou fermée. Un caprice (2149)
On ne badine pas avec l'amour (2100)

OVIDE
Les Métamorphoses (92)

PASCAL
Pensées (2224)

PERRAULT
Contes – *Nouvelle édition* (65)

PIRANDELLO
Donna Mimma et autres nouvelles (240)
Six Personnages en quête d'auteur (2181)

POE
Le Chat noir et autres contes fantastiques (2069)
Double Assassinat dans la rue Morgue. La Lettre volée (45)

POUCHKINE
La Dame de pique et autres nouvelles (19)

PRÉVOST
Manon Lescaut (309)

PROUST
Combray (117)

RABELAIS
Gargantua (2006)
Pantagruel (2052)

RÉCITS DE VOYAGE
Le Nouveau Monde (Jean de Léry, 77)
Les Merveilles de l'Orient (Marco Polo, 2081)

RENARD
Poil de Carotte (2146)

ROBERT DE BORON
Merlin (80)

ROMAINS
L'Enfant de bonne volonté (2107)

LE ROMAN DE RENART (2014)

ROSNY AÎNÉ
La Mort de la terre (2063)

ROSTAND
Cyrano de Bergerac (112)

ROUSSEAU
Les Confessions (238)

SAND
Les Ailes de courage (62)
Le Géant Yéous (2042)

SAUMONT (ANNIE)
Aldo, mon ami et autres nouvelles (2141)
La guerre est déclarée et autres nouvelles (223)

SÉVIGNÉ (MME DE)
Lettres (2166)

SHAKESPEARE
Macbeth (215)
Roméo et Juliette (118)

SHELLEY (MARY)
Frankenstein (128)

STENDHAL
Vanina Vanini. Le Coffre et le Revenant (44)

STEVENSON
Le Cas étrange du Dr Jekyll et de M. Hyde (2084)
L'Île au trésor (91)

STOKER
Dracula (188)

SWIFT
Voyage à Lilliput (2179)

TCHÉKHOV
La Mouette (237)
Une demande en mariage et autres pièces en un acte (108)

TITE-LIVE
La Fondation de Rome (2093)

TOURGUÉNIEV
Premier Amour (2020)

TROYAT (HENRI)
   Aliocha (2013)

VALLÈS
   L'Enfant (2082)

VERNE
   Le Tour du monde en 80 jours (2204)

VILLIERS DE L'ISLE-ADAM
   Véra et autres nouvelles fantastiques (2150)

VIRGILE
   L'Énéide (109)

VOLTAIRE
   Candide (2078)
   L'Ingénu (2211)
   Jeannot et Colin. Le monde comme il va (220)
   Micromégas (135)
   Zadig – *Nouvelle édition* (30)

WESTLAKE (DONALD)
   Le Couperet (248)

WILDE
   Le Fantôme de Canterville et autres nouvelles (33)

ZOLA
   L'Attaque du moulin. Les Quatre Journées de Jean Gourdon (2024)
   Germinal (123)

Les anthologies dans la même collection

AU NOM DE LA LIBERTÉ
Poèmes de la Résistance (106)

L'AUTOBIOGRAPHIE (2131)

BAROQUE ET CLASSICISME (2172)

LA BIOGRAPHIE (2155)

BROUILLONS D'ÉCRIVAINS
Du manuscrit à l'œuvre (157)

« C'EST À CE PRIX QUE VOUS MANGEZ DU SUCRE... » Les discours sur l'esclavage d'Aristote à Césaire (187)

CEUX DE VERDUN
Les écrivains et la Grande Guerre (134)

LES CHEVALIERS DU MOYEN ÂGE (2138)

CONTES DE L'ÉGYPTE ANCIENNE (2119)

LE CRIME N'EST JAMAIS PARFAIT
Nouvelles policières 1 (163)

DE L'ÉDUCATION
Apprendre et transmettre de Rabelais à Pennac (137)

DES FEMMES (2217)

FAIRE VOIR : QUOI, COMMENT, POUR QUOI ? (320)

FÉES, OGRES ET LUTINS
Contes merveilleux 2 (2219)

LA FÊTE (259)

LES GRANDES HEURES DE ROME (2147)

L'HUMANISME ET LA RENAISSANCE (165)

IL ÉTAIT UNE FOIS
Contes merveilleux 1 (219)

LES LUMIÈRES (158)

LES MÉTAMORPHOSES D'ULYSSE
Réécritures de L'*Odyssée* (2167)

MONSTRES ET CHIMÈRES (2191)

MYTHES ET DIEUX DE L'OLYMPE (2127)

NOIRE SÉRIE...
Nouvelles policières 2 (222)

NOUVELLES DE FANTASY 1 (316)

NOUVELLES FANTASTIQUES 1
Comment Wang-Fô fut sauvé et autres récits (80)

NOUVELLES FANTASTIQUES 2
Je suis d'ailleurs et autres récits (235)

ON N'EST PAS SÉRIEUX QUAND ON A QUINZE ANS Adolescence et littérature (156)

PAROLES DE LA SHOAH (2129)

LA PEINE DE MORT
De Voltaire à Badinter (122)

POÈMES DE LA RENAISSANCE (72)

POÉSIE ET LYRISME (173)

LE PORTRAIT (2205)

RACONTER, SÉDUIRE, CONVAINCRE
Lettres des XVIIe et XVIIIe siècles (2079)

RÉALISME ET NATURALISME (2159)

RISQUE ET PROGRÈS (258)

ROBINSONNADES
De Defoe à Tournier (2130)

LE ROMANTISME (2162)

LE SURRÉALISME (152)

LA TÉLÉ NOUS REND FOUS ! (2221)

TROIS CONTES PHILOSOPHIQUES (311)
Diderot, Saint-Lambert, Voltaire

TROIS NOUVELLES NATURALISTES (2198)
Huysmans, Maupassant, Zola

VIVRE AU TEMPS DES ROMAINS (2184)

VOYAGES EN BOHÈME (39)
Baudelaire, Rimbaud, Verlaine

Création maquette intérieure :
Sarbacane Design.

Composition : IGS-CP.

GF Flammarion

09/08/148818-VIII-2009 – Impr. MAURY Imprimeur, 45330 Malesherbes.
N° d'édition L.01EHRN000195.C002. – Mars 2008 – Printed in France.